ar lan yr Gwlad

Ymadroddion enwog o'r Beibl

Dewi Arwel Hughes

Golygwyd gan Christine James ac E. Wyn James

gyda rhagarweiniad ganddynt yn olrhain hanes
a dylanwad y Beibl Cymraeg

Gair Duw ar Lafar Gwlad

© 2024 Cyhoeddiadau'r Gair, Margaret Hughes,
Christine James ac E. Wyn James

ISBN 978-1-85-994995-5

Patrymwyd y llyfr hwn ar *Famous Phrases from the Bible*
(Cymdeithas y Beibl, 2011).

Oni nodir yn wahanol, daw'r dyfyniadau ysgrythurol o argraffiad y Gymdeithas
Feiblaidd Frytanaidd a Thramor o *Y Beibl Cysegr-Lân*, a gyhoeddwyd yn 1955.

Testun: Dewi Arwel Hughes
Golygwyd gan Christine James ac E. Wyn James

Golygydd Cyffredinol: Aled Davies
Cynllun y clawr a chysodi: Rhys Llwyd

Cedwir pob hawl. Ni chaniateir atgynhyrchu unrhyw ran o'r cyhoeddiad hwn, na'i gadw mewn cyfundrefn adferadwy, na'i drosglwyddo mewn unrhyw ddull na thrwy unrhyw gyfrwng, electronig na mecanyddol, gan gynnwys llungopïo, recordio na thrwy unrhyw system storio gwybodaeth neu adfer gwybodaeth, heb ganiatâd ysgrifenedig gan y cyhoeddwr.

Argraffwyd ym Mhrydain.

Cyhoeddwyd gan:
Cyhoeddiadau'r Gair
Ael y Bryn, Chwilog,
Pwllheli, Gwynedd
LL53 6SH.
www.ysgolsul.com

Cyflwyniad

Anodd gorbwysleisio dylanwad y Beibl ar yr iaith Gymraeg a'i diwylliant dros y canrifoedd. Yn wir, oni bai i'r Beibl gael ei gyfieithu i'r Gymraeg ychydig dros 400 mlynedd yn ôl, mae'n gwestiwn a fyddai'r Gymraeg wedi goroesi o gwbl. I raddau helaeth, felly, i'r Beibl Cymraeg, ei gyfieithwyr a'i hyrwyddwyr, y mae'r diolch eich bod chi heddiw yn darllen y geiriau hyn yn Gymraeg.

Yn 2011 cyhoeddodd Cymdeithas y Beibl gyfrol yn dwyn y teitl *Famous Phrases from the Bible*. Detholiad ydyw o ymadroddion a ymgartrefodd yn yr iaith Saesneg am iddynt gael eu cynnwys yn y 'King James Version', sef y Cyfieithiad Awdurdodedig Saesneg o'r Beibl (1611). Cyfres o gofnodion byrion yw cynnwys *Famous Phrases from the Bible*, yn egluro ystyr a defnydd yr ymadroddion hynny yn Saesneg heddiw gan nodi hefyd eu tarddiad a'u cyd-destun beiblaidd.

O gofio dylanwad enfawr y Beibl ar yr iaith Gymraeg, teimlwyd y byddai'n briodol paratoi llyfr Cymraeg ar hyd yr un llinellau, gan ddethol nifer o'r ymadroddion a darddodd o'r cyfieithiad Cymraeg 'traddodiadol' o'r Beibl, neu a boblogeiddiwyd gan y cyfieithiad hwnnw, a llunio cofnodion amdanynt yn dilyn yr un patrwm â'r gyfrol *Famous Phrases from the Bible*.

Yr enw a roddir ar y cyfieithiad 'traddodiadol' Cymraeg o'r Beibl yn amlach na pheidio yw 'Beibl William Morgan'. Fel yr eglurir yn nes ymlaen, er mai'r Esgob William Morgan a ysgwyddodd ben trymaf y gwaith cyfieithu, nid ei waith ef yn unig ydoedd o bell ffordd. Cwaith ydoedd a gymerodd rai degawdau i'i gyrraedd ei ffurf derfynol yn 1620, yn y fersiwn diwygiedig o'r cyfieithiad o'r Beibl a gyhoeddodd William Morgan yn 1588.

Yn 1620, felly, y cyhoeddwyd am y tro cyntaf y testun a ddaeth yn gyfieithiad safonol o'r Beibl yn y Gymraeg i lawr hyd at ddiwedd yr 20fed ganrif. Felly, pan sonnir am 'Feibl William Morgan', yn y gyfrol bresennol, cyfeirio a wna hynny at y testun a welodd olau dydd yn 1620 ac nid at fersiynau cynharach o'r cyfieithiad hwnnw, oni nodir yn wahanol.

3

Yr un a ymgymerodd â'r dasg o baratoi cofnodion esboniadol ar ddetholiad o ymadroddion o 'Feibl William Morgan' oedd y diweddar Ddr Dewi Arwel Hughes. Pan ddechreuodd Dewi baratoi'r gyfrol, yr oedd eisoes yn diodde' o'r afechyd a arweiniodd at ei farwolaeth ym mis Hydref 2017. Aeth ati i weithio o ddifrif ar destun y llyfr tua dechrau 2017 ac yr oedd yn tynnu at derfyn ei ddrafft cyntaf erbyn iddo wanychu'n ormodol i barhau â'r gwaith yn ystod haf 2017. Fel mae'n digwydd, y cofnod nesaf y bwriadai ei lunio pan rwystrwyd ef gan ei iechyd oedd 'Yr ysbryd yn barod ond y cnawd yn wan'!

Dewi Arwel Hughes

Mae'n briodol oedi yn y fan hon i ddweud gair am Dewi Arwel Hughes (1947–2017). Fe'i ganed yn Llangwm, sir Ddinbych, a'i fagu yng Nghwm Tryweryn ger y Bala. Bu farw ei fam yn sydyn yn 1957, a'r flwyddyn ddilynol symudodd y teulu i fyw i Stryd Fawr y Bala. Cafodd Dewi ei fagu i fynychu'r capel yn gyson bob wythnos – capel Annibynnol yn ei achos ef. Ond yn ei ardddegau daeth i'r sylweddoliad nad oedd yn Gristion; nad oedd cael magwraeth Gristnogol yn ddigon, ond bod rhaid dod i ffydd bersonol yng Nghrist. Daeth Dewi i'r ffydd bersonol honno ym mis Awst 1962 ac yntau'n 15 mlwydd oed, digwyddiad (fel y dywedodd ef ei hun) a foldiodd ei fywyd o hynny ymlaen.

Aeth yn ffyfriwr i Goleg Prifysgol Gogledd Cymru ym Mangor yn 1964, lle yr enillodd dair gradd i gyd. Canolbwyntio ar y Gymraeg a'i llenyddiaeth a wnaeth ar gyfer ei radd gyntaf (BA) yn 1967, cyn mynd yn ei flaen i astudio ar gyfer gradd mewn Diwinyddiaeth (BD), ac yna yn 1980 dyfarnwyd iddo PhD am draethawd ar hanes ac egwyddorion crefydd gymharol ym Mhrydain, 1850–1950.

Yn 1975 fe'i penodwyd yn ddarlithydd mewn Astudiaethau Crefyddol ym Mholytechnig Cymru yn Nhreforest (Prifysgol De Cymru erbyn hyn). Yr adeg honno symudodd i fyw i Bontypridd, ac yno y bu weddill ei fywyd. Byda'i wraig, Maggie, a briododd yn 1967. Cawsant bump o blant: Rebecca, Daniel, Steffan, Anna a Lydia.

Dan ddylanwad Maggie, cafodd Dewi ei dynnu fwyfwy i gefnogi gwaith yr asiantaeth ddyngarol Gristnogol 'Tearfund', ac yn 1987 ymunodd â staff yr asiantaeth honno fel cydlynydd yr elusen yng Nghymru. Yna, yn 1993, fe'i penodwyd yn Ymgynghorydd Diwinyddol 'Tearfund', a olygai ymchwil ddwys ac arloesol ym maes tlodi byd-eang. Bu yn y swydd honno nes iddo ymddeol yn niwedd 2011.

Cyfrannodd Dewi yn helaeth i fywyd Cymru fel awdur, darlithydd, arweinydd eglwysig, darlledwr, ac ymddiriedolwr sawl elusen. Gwnaeth gyfraniad nodedig hefyd yn rhyngwladol, gan gyhoeddi gweithiau o bwys a dylanwad eang. Cyhoeddodd yn helaeth dros y blynyddoedd, yn benodau mewn llyfrau ac yn erthyglau ac adolygiadau mewn cylchgronau, yn Gymraeg ac yn Saesneg, ynghyd â'r cyfrolau a ganlyn:

Meddiannu Tir Immanuel: Cymru a Mudiad Cenhadol y Ddeunawfed Ganrif (1990);

Has God Many Names? An Introduction to Religious Studies (1996);

God of the Poor: A Biblical Vision of God's Present Rule (â chymorth gan Matthew Bennett, 1998);

Castrating Culture: A Christian Perspective on Ethnic Identity from the Margins (2001);

Power and Poverty: Divine and Human Rule in a World of Need (2008);

Transforming the World? The Gospel and Social Responsibility (golygydd, ar y cyd â Jamie A. Grant, 2009);

The World on Our Doorstep: Evangelical Mission and Other Faiths (2016).

Am ragor o fanylion am gefndir, bywyd a gwaith Dewi, gweler ei gyfrol *Castrating Culture* (2001), ynghyd â chofnod Arfon Jones arno yn *Y Bywgraffiadur Cymreig* ar-lein (https://bywgraffiadur.cymru/).

Hynt y gyfrol bresennol

Cyn i Dewi ddechrau ar y gwaith o lunio'r gyfrol bresennol, yr oeddem ni'n dau eisoes wedi cytuno i ysgrifennu rhagarweiniad ar ei chyfer a fyddai'n olrhain yn fras hanes y Beibl Cymraeg a sôn ychydig am ei ddylanwad sylweddol. Yn ystod gwendid olaf Dewi, trosglwyddwyd ei destun i ni, gyda chais inni nid yn unig fynd ati i ysgrifennu'r rhagarweiniad ond hefyd i orffen y gyfrol trwy lunio rhai cofnodion ychwanegol a pharatoi'r cyfan yn derfynol ar gyfer y wasg. Dylem egluro, felly, mai ni a luniodd y cofnodion ar ddiwedd y gyfrol nad oedd modd i Dewi fynd ati i'w hysgrifennu, a'n bod ni hefyd wedi ychwanegu nifer o gofnodion eraill yma ac acw yng nghorff y gwaith yn sgil cais Dewi inni awgrymu cofnodion y dylid eu cynnwys yn ychwanegol at ei ddetholiad cychwynnol ef.

Wrth inni fynd ati i gwblhau'r testun a'i olygu, ni fu modd inni ymgynghori â Dewi, ysywaeth, a rhaid pwysleisio, felly, mai ni sy'n gyfrifol am destun y gyfrol hon yn ei ffurf derfynol. Hoffem ddiolch hefyd yn y fan hon i Arfon Jones am ei gymorth a'i anogaeth mewn amryw ffyrdd i Dewi ac i ninnau; i Aled Davies o Gyhoeddiadau'r Gair am ymgymryd â chyhoeddi'r gyfrol ac i Rhys Llwyd am ei waith yn dylunio clawr ar gyfery gyfrol.

Codi cwr y llen ar yr ymadroddion a'r dywediadau o'r Beibl sydd wedi treiddio i'r Gymraeg a wna'r llyfr hwn, ac fe ellid fod wedi cynnwys llawer enghraifft arall o ddylanwad 'Beibl William Morgan' ar y Gymraeg, llafar ac ysgrifenedig, dros y canrifoedd. Paratôdd y diweddar Barchedig Huw Jones (1920–2017) – a fu farw, fel mae'n digwydd, ychydig wythnosau cyn Dewi – gyfrol sylweddol o dros 200 tudalen, *Y Gair yn ei Bryd: Casgliad o Ymadroddion o'r Beibl* (Gwasg Pantycelyn, 1994), sy'n cynnwys trafodaethau ar ryw 350 o idiomau ac ymadroddion o 'Feibl William Morgan' yr oedd wedi eu gweld mewn amryw gyhoeddiadau neu wedi eu clywed ar lafar. Fe fyddai Dewi am gydnabod ei ddyled i gyfrol Huw Jones, a ninnau'r un modd; ac yn sicr y mae *Y Gair yn ei Bryd* yn gyfrol y mae'n werth troi ati i ddysgu rhagor am y cyfoeth mawr a ddaeth trwy Air Duw nid yn unig i fywyd ysbrydol a diwylliannol Cymru ond hefyd i'r iaith Gymraeg ei hun.

Fel y nodwyd uchod, cyn i Dewi ymgymryd â'r dasg o lunio'r gyfrol hon, yr oeddem eisoes wedi cytuno i lunio rhagarweiniad ar ei chyfer a fyddai'n olrhain yn fras hanes y Beibl Cymraeg a sôn ychydig am ei ddylanwad aruthrol. Ac yn yr hyn sy'n dilyn, ceir ymgais i wneud hynny.

Christine James ac E. Wyn James

Y Beibl Cymraeg,
ei hanes a'i ddylanwad

'Prif drysor crefyddol, diwylliannol a llenyddol ein cenedl.' Dyna ddisgrifiad rhagair *Y Beibl Cymraeg Newydd* (1988) o'r cyfieithiad cyflawn cyntaf o'r Beibl i'r Gymraeg, a gyhoeddwyd 400 mlynedd ynghynt, yn 1588. Dyna'r cyfieithiad a alwn fel arfer yn 'Feibl William Morgan', a'r cyfieithiad hwnnw (neu, yn fanwl gywir, y fersiwn diwygiedig ohono a gyhoeddwyd yn 1620) fu'r cyfieithiad safonol o'r Beibl yn y Gymraeg i lawr trwy'r canrifoedd hyd at ddiwedd yr 20fed ganrif.

Bu ei ddylanwad ar y diwylliant Cymraeg yn anfesuradwy. Byth er pan gyhoeddwyd ef gyntaf, cydnabuwyd bod 'Beibl William Morgan' yn gampwaith gorchestol. Enillodd le cynnes yng nghlust a chalon cenhedlaeth ar ôl cenhedlaeth o siaradwyr Cymraeg, gan ddod yn batrwm ar gyfer Cymraeg llenyddol a Chymraeg llafar safonol fel ei gilydd. Yn wir, nid gormod fyddai dweud mai'r cyfieithiad hwn o'r Beibl a fu'n gyfrifol i raddau helaeth am oroesiad y Gymraeg i lawr dros y canrifoedd wedyn. Oherwydd, wrth drosglwyddo gwirioneddau ysbrydol i bobl Cymru, trosglwyddwyd iddynt yr un pryd iaith safonol ac urddasol, a hynny mewn cyfnod pan oedd y Gymraeg a'i diwylliant yn colli nawdd haenau uchaf y gymdeithas Gymreig ac mewn perygl o ymddatod yn nifer o dafodieithoedd cynyddol annealladwy i'w gilydd, cyn diflannu'n llwyr ymhen amser dan bwysau'r iaith Saesneg. Mae cymharu sefyllfa'r Gymraeg â'r ieithoedd Celtaidd eraill, na chafwyd cyfieithiadau o'r Beibl iddynt tan yn ddiweddarach o lawer, yn arwydd o'r hyn a allasai fod yn wir am gyflwr y Gymraeg heddiw oni bai am 'Feibl William Morgan'.

Mae'n werth pwysleisio un peth arall hefyd. Llyfrgell o lyfrau yw'r Beibl, yn trafod pob math o bynciau mewn pob math o arddulliau. Mae rhai o lyfrau'r Beibl yn adroddiadau hanesyddol, eraill yn drafodaethau diwinyddol; mae rhai yn broffwydoliaethau, eraill yn weledigaethau; mae rhai yn llythyrau, ac eraill mewn arddull farddonol neu ddiarhebol, ac yn y blaen. Wrth gyfieithu cyfrol mor sylweddol â'r Beibl, a honno'n trafod amrywiaeth o bynciau mewn amrywiaeth o arddulliau, dangoswyd ar adeg dyngedfennol yn ei hanes fod y Gymraeg yn iaith gyfoethog y gellid trafod y pynciau mwyaf cymhleth ynddi. Mewn geiriau eraill, trwy gyfieithu'r Beibl i'r Gymraeg yn yr 16eg ganrif, cyfnod y Dadeni Dysg a'r Diwygiad Protestannaidd, dangoswyd fod y Gymraeg hithau yn 'iaith dysg', ac yn bwysicach fyth, dangoswyd ei bod yn gyfrwng cymwys ac effeithiol ar gyfer Gair Duw ei hun. Dyma iaith, felly, a haeddai barch; un y gellid ei gosod gyfysgwydd â'r tua phymtheg o ieithoedd Ewropeaidd eraill yr oedd y Beibl cyfan wedi ei gyfieithu iddynt erbyn diwedd yr 16eg ganrif.

Bu Cymru a'r Gymraeg o dan ddylanwad Cristnogaeth o ddechreuadau'r wlad a'i hiaith. Mae'n arwyddocaol mai'r enw a roddwn yn aml ar y cyfnod allweddol hwnnw yn hanes ffurfio Cymru a'r Gymraeg rhwng y bumed ganrif a'r seithfed yw 'Oes y Saint' – oes Illtud a Dewi a llawer Cristion arall yr ydym yn dal i'w coffáu yn ein henwau lleoedd: Llanbadarn, Llangadog, Llandeilo, ac yn y blaen. Nid rhyfedd, felly, weld y Beibl yn ddylanwad ar ddiwylliant Cymru o'r dechrau. Er hynny, ychydig iawn o'r Beibl a gyfieithwyd i'r Gymraeg yn ystod yr Oesoedd Canol, dim ond ambell ddarn yma a thraw, gan gynnwys rhai o'r Salmau, pennod gyntaf Llyfr Genesis ac adnodau agoriadol Efengyl Ioan. Y prif reswm am hynny yw mai Lladin oedd iaith arferol gwasanaethau'r Eglwys Gristnogol yng Nghymru yn ystod yr Oesoedd Canol fel yng ngwledydd eraill Ewrop, ac mai cyfieithiad Lladin o'r Beibl oedd yr un a ddefnyddid fel arfer. Felly, trwy ddulliau megis pregethu a gosod lluniau ar furiau eglwysi y trosglwyddwyd gwybodaeth am gynnwys y Beibl i bobl Cymru yn yr Oesoedd Canol yn hytrach na thrwy ddarllen y Beibl yn eu hiaith eu hunain. Rhaid cofio hefyd mai cymharol ychydig o bobl Cymru a allai ddarllen o gwbl – boed Lladin neu Gymraeg – yn y cyfnod hwnnw.

Ond daeth tro ar fyd gyda'r Diwygiad Protestannaidd yn yr 16eg ganrif. Er na chofleidiodd y brenin Tuduraidd, Harri VIII, Brotestaniaeth fel y cyfryw, arweiniodd y ffaith iddo benderfynu yn yr 1530au dorri'n rhydd oddi wrth Rufain a'i wneud ei hun yn ben ar yr eglwys yn Lloegr, i'r wlad gymryd camau arwyddocaol tuag at Brotestaniaeth, a hynny yn yr un cyfnod yn union ag y cyfunwyd Cymru yn ffurfiol â Lloegr. Cafwyd ymdrechion brwd i 'Brotestaneiddio' y wlad yn ystod teyrnasiad mab Harri VIII, y Brenin Edward VI (1547–53). Aeth y wlad yn ôl i gyfeiriad Catholigiaeth o dan ferch Harri, y Frenhines Mari (1553–58), cyn dychwelyd eto at Brotestaniaeth o dan ei hanner-chwaer iau, y Frenhines Elisabeth I (1558–1603).

Pwysleisiai Protestaniaeth fod pobl i addoli Duw a darllen y Beibl mewn iaith yr oeddynt yn ei deall, ac arweiniodd hynny mewn nifer o wledydd at droi gwasanaethau'r eglwysi i iaith y bobl ac at gyfieithu'r Beibl i'r ieithoedd brodorol. Canlyniad mabwysiadu Protestaniaeth yn grefydd swyddogol Lloegr oedd i'r Saesneg ddod yn iaith gwasanaethau'r eglwys wladol – Eglwys Loegr – eglwys y disgwylid i holl ddeiliaid y deyrnas fod yn aelodau ohoni a mynychu ei gwasanaethau. Am fod Cymru wedi ei chyfuno'n swyddogol â Lloegr, roedd Eglwys Loegr hefyd yn eglwys wladol yng Nghymru. Golygai hynny mai Saesneg oedd iaith y gwasanaethau eglwysig yng Nghymru hefyd, er nad oedd y rhan fwyaf o drigolion Cymru yn deall Saesneg. O'r herwydd aeth nifer o Brotestaniaid Cymreig pybyr ati i bwyso am gael y Beibl a gwasanaethau'r eglwys wladol yn y Gymraeg. Argyhoeddwyd y Frenhines Elisabeth o'r angen, a'r canlyniad fu pasio deddf seneddol yn 1563 yn gorchymyn cyfieithu'r Beibl a'r Llyfr Gweddi Gyffredin (sef llyfr gwasanaethau Eglwys Loegr) i'r Gymraeg. Yn fwy na hynny, gorchmynnwyd hefyd eu defnyddio mewn gwasanaethau eglwysig ym mhob man lle y siaredid y Gymraeg yn gyffredinol – sef, yr adeg honno, yn y rhan fwyaf o Gymru ynghyd â rhannau o'r Gororau.

Dyma'r ddeddf bwysicaf erioed yn hanes y Gymraeg, oherwydd canlyniad deddf 1563 oedd nid yn unig roi statws swyddogol i'r Gymraeg ym myd crefydd, ond hefyd beri ei chlywed yn gyson bob wythnos mewn gwasanaethau eglwysig ar hyd a lled y wlad – a hynny lai na 30 mlynedd wedi i 'Ddeddf Uno' 1536 wneud y Saesneg yn iaith swyddogol y gyfraith a gweinyddiaeth gyhoeddus yng Nghymru. A byddai'r Gymraeg yn parhau yn brif gyfrwng crefydd yng Nghymru am dros dair canrif wedi hynny.

Yn sgil deddf 1563 aeth rhai ysgolheigion Protestannaidd galluog ati'n frwdfrydig i gyfieithu'r Beibl i'r Gymraeg. Arweiniodd hynny yn y pen draw at gyhoeddi'r cyfieithiad Cymraeg cyntaf o'r Beibl cyfan gan William Morgan yn 1588; ond rhaid cofio mai proses a gymerodd dros hanner canrif oedd yr un o gynhyrchu'r cyfieithiad a alwn yn 'Feibl William Morgan' yn ei ffurf derfynol, ac nad William Morgan oedd yr unig un, o bell ffordd, a gyfrannodd at y cyfieithu, er mai ef a ysgwyddodd ben trymaf y gwaith.

Mae'r hanes yn dechrau gyda'r Cymro disglair o Lansannan a Llanrwst, William Salesbury, yng nghanol yr 16eg ganrif. Roedd ef ar dân dros roi'r Beibl i'w bobl yn eu hiaith hwy eu hunain. Roedd wedi dechrau cyfieithu rhannau o'r Beibl i'r Gymraeg rai blynyddoedd cyn pasio deddf 1563, a llwyddodd erbyn 1567 i drosi'r Testament Newydd a'r Salmau (a hefyd y Llyfr Gweddi Gyffredin) i'r Gymraeg. Cafodd gymorth i wneud hynny gan ddau o glerigwyr Esgobaeth Tyddewi, sef yr Esgob ei hun,

Richard Davies (a gyfieithodd bump o'r epistolau), a Chantor Tyddewi, Thomas Huet (a gyfieithodd Lyfr y Datguddiad). Ond William Salesbury ei hun a fu'n gyfrifol am y rhan fwyaf o lawer o'r gwaith cyfieithu arloesol hwn.

Bu saib wedyn yn hanes y cyfieithu am sawl blwyddyn hyd nes i William Morgan ailgydio yn y gwaith. Ymrôdd i ddiwygio'r cyfieithiad o'r Testament Newydd a'r Salmau yn drwyadl ac i gyfieithu'r Hen Destament (a'r Apocryffa). Cyhoeddwyd ffrwyth ei lafur enfawr – argraffiad cyntaf 'Beibl William Morgan' – yn 1588. Ond nid dyna ddiwedd y stori. Diwygiodd William Morgan ei hunan rywfaint ar ei gyfieithiad cyn ei farwolaeth yn 1604 ac yna, yn sgil cyhoeddi'r fersiwn 'awdurdodedig' o'r Beibl Saesneg (y 'King James Version') yn 1611, paratowyd fersiwn diwygiedig o 'Feibl William Morgan' gan Richard Parry, olynydd William Morgan yn Esgob Llanelwy, a'r ysgolhaig gwych hwnnw, Dr John Davies, Mallwyd. Buasai John Davies am flynyddoedd yn gynorthwyydd personol i William Morgan, ac ef a ysgwyddodd ben trymaf y gwaith diwygio. Gyda chyhoeddi fersiwn diwygiedig Parry a Davies o'r Beibl Cymraeg yn 1620, cyrhaeddwyd penllanw'r gwaith o gwblhau 'Beibl William Morgan', a Beibl 1620 heb fawr ddim newid pellach arno (ac eithrio safoni a diweddaru'r orgraff) fu unig Feibl y Cymry i bob pwrpas hyd at gyhoeddi *Y Beibl Cymraeg Newydd* yn 1988.

Beiblau mawr i'w gosod mewn eglwysi a'u darllen yn uchel i'r cynulleidfaoedd oedd Beiblau 1588 a 1620, ond yr hyn a welwn i lawr trwy'r canrifoedd wedyn yw ymdrechion cynyddol i gynhyrchu argraffiadau rhatach a mwy hylaw y gallai pobl fod yn berchen arnynt yn bersonol. Law yn llaw â hynny, cafwyd ymdrechion cynyddol i ddysgu pobl i ddarllen, er mwyn iddynt allu darllen y Beibl drostynt eu hunain; a chafwyd ymdrechion cynyddol hefyd i esbonio rhannau o'r Beibl i'r bobl ar lafar ac mewn print, trwy bregethau a llyfrau defosiynol ac yn y blaen.

Dechreuodd yr ymdrech i gael Beiblau mwy hylaw o fewn deng mlynedd i gyhoeddi Beibl 1620, oherwydd yn 1630 cyhoeddwyd y 'Beibl Bach' fel y'i gelwid, sef argraffiad o'r Beibl yr oedd modd ei roi yn eich 'llogell' (neu'ch poced). Roedd yn costio 'coron' (sef pum swllt – 25 ceiniog yn arian heddiw). Mae hynny'n swnio'n rhad iawn i ni, ac yr oedd y 'Beibl Bach' yn rhatach o dipyn na Beiblau mawr 1588 ac 1620 – yr oedd yn chwarter pris Beibl 1588, er enghraifft – ond yr oedd 'coron' yn dal yn swm go fawr yn 1630. Roedd prynu'r 'Beibl Bach', felly, yn gofyn am gryn aberth, fel y gwelwn o'r gerdd hir a luniodd Rhys Prichard

(1573?–1644/5), 'Hen Ficer' Llanymddyfri, yn annog pobl i'w brynu. Dyma ambell bennill o'r gerdd honno:

> Y Gair yw'r gannwyll a'th oleua,
> Y Gair yw'r gennad a'th gyf'rwydda,
> Y Gair a'th arwain i baradwys,
> Y Gair a'th ddwg i'r nef yn gymwys.
>
> Mae'r 'Beibl Bach' yn awr yn gyson
> Yn iaith dy fam i'w gael er coron;
> Gwerth dy grys cyn bod heb hwnnw:
> Mae'n well na thref dy dad i'th gadw.
>
> Gwell nag aur, a gwell nag arian,
> Gwell na'r badell fawr, na'r crochan,
> Gwell dodrefnyn yn dy lety
> Yw'r 'Beibl Bach' na dim a feddi.

Erbyn iddo farw roedd y Ficer Prichard wedi llunio cannoedd lawer o benillion syml, cartrefol a hawdd eu cofio fel y rhai uchod, er mwyn annog pobl i droi at Grist mewn ffydd ac edifeirwch, eu hyfforddi yn hanfodion y Ffydd, a'u dysgu sut i fyw y bywyd Cristnogol o ddydd i ddydd. Fel y dywedodd Nesta Lloyd yn ei golygiad o ddetholiad o'i gerddi yn 1994: 'Yr hyn sy'n gwneud gwaith y Ficer Prichard mor arbennig yw mai ef a gyflwynodd y Beibl, ei egwyddorion sylfaenol a'i ddysgeidiaeth achubol, i'r Cymry anllythrennog.' Ac yn ogystal â phregethu ar gân yn ei gerddi, gan esbonio a chymhwyso rhannau o'r Beibl a sôn am y cymeriadau a'r hanesion sydd ynddo, fe'i gwelwn yn rhai o'i gerddi yn mydryddu adrannau o'r Ysgrythur, gan gynnwys y Deg Gorchymyn ac ambell Salm. Ymhen rhai blynyddoedd ar ôl marw'r Ficer cyhoeddwyd casgliad helaeth o'i benillion dan yr enw *Cannwyll y Cymry*. Dyma un o'r llyfrau mwyaf poblogaidd a dylanwadol yn y Gymraeg dros y ddwy ganrif ddilynol. Cyhoeddwyd dros 50 argraffiad ohono erbyn canol y 19eg ganrif, ac y mae rhai penillion o'i garol 'Awn i Fethlem, bawb, dan ganu' yn parhau yn boblogaidd heddiw.

Roedd y cyfnod rhwng tua 1750 ac 1850 yn un o drawsnewid aruthrol ym mywyd Cymru i bob cyfeiriad. Gwledig a braidd yn geidwadol oedd Cymru 1750 a'i phoblogaeth yn llai na hanner miliwn. Erbyn 1850 roedd y boblogaeth wedi mwy na dyblu a llawer o'r trigolion yn byw mewn trefi byrlymus a godasai fel madarch yn sgil y twf mawr mewn diwydiannau trymion – haearn, glo, llechi, ac yn y blaen. Ac nid dyna'r unig newid arwyddocaol o bell ffordd. Er enghraifft, cafwyd twf cyson mewn radicaliaeth yn ystod y cyfnod, ac erbyn 1850 roedd trafnidiaeth wedi dechrau gwella'n sylweddoli yn sgil dyfodiad y rheilffordd.

Cafwyd newidiadau pellgyrhaeddol hefyd ym myd crefydd. Gwelodd y cyfnod gyfres o adfywiadau ysbrydol a ddechreuodd yn ne Cymru yn yr 1730au gyda'r hyn a alwn yn Ddiwygiad Methodistaidd (neu Ddiwygiad Efengylaidd), a byddent yn effeithio ar rannau helaeth o Gymru erbyn hanner cyntaf y 19eg ganrif. Ac un peth a ddaeth yn sgil yr adfywiadau hynny oedd ffrwydrad o ganu emynau; a'r canu mawl brwdfrydig hwnnw oedd un o'r rhesymau i Gymru gael yr enw o fod yn 'Wlad y Gân' erbyn tua chanol y 19eg ganrif.

Mudiad adnewyddol y tu mewn i'r eglwys wladol oedd y mudiad Methodistaidd nes troi'n enwad Anghydffurfiol yn 1811; ond un o effeithiau adfywiadau efengylaidd y cyfnod oedd peri twf arwyddocaol o tua'r 1770au ymlaen yn yr hen enwadau Anghydffurfiol (ac ymhlith yr Annibynwyr a'r Bedyddwyr yn arbennig), a oedd yn bur wan eu haelodaeth yn hanner cyntaf y 18fed ganrif. A'r canlyniad oedd gweld capel Anghydffurfiol yn agor yng Nghymru unwaith yr wythnos ar gyfartaledd yn hanner cyntaf y 19eg ganrif; a lle yr oedd mwyafrif mawr addolwyr Cymru yn 1750 yn Anglicaniaid, erbyn 1850 roedd tua phedwar o bob pump o'r bobl a fynychai le o addoliad yn mynd i gapel Anghydffurfiol yn hytrach nag i eglwys y plwyf.

Yr hyn a ddaeth gyda'r tonnau o adfywiadau efengylaidd a ddechreuodd yn yr 1730au oedd nid credoau newydd ond yn hytrach bwyslais trwm ar yr angen i bobl ddod i brofiad personol, uniongyrchol o berthynas â Duw ac o'r iachawdwriaeth yng Nghrist; ei bod yn annigonol credu gwirioneddau'r Ffydd yn y pen yn unig, ond bod gofyn credu â'r galon hefyd; bod yn 'rhaid eich geni chwi drachefn' (Ioan 3:7) i fod yn wir Gristion. A pheth arall a ddaeth gyda'r adfywiadau efengylaidd hyn oedd pwysleisio'r lle canolog a ddylai fod i'r Beibl ym mywyd a phrofiad y crediniwr, oherwydd y gred (yng ngeiriau Cyffes Ffydd y Methodistiaid Calfinaidd) fod 'yr Ysgrythurau Sanctaidd, sef

Gair ysgrifenedig Duw, ... yn cynnwys datguddiad cyflawn, digonol, a pherffaith, o feddwl ac ewyllys Duw, am bob peth angenrheidiol i ni eu gwybod er ein hiachawdwriaeth; ac yn unig anffaeledig reol o ffydd ac ufudd-dod'. Yn ganlyniad gwelwyd pwyslais mawr nid yn unig ar y rheidrwydd i fywyd credinwyr droi o gwmpas y Beibl, ond hefyd yr angen i ddysgu pobl i ddarllen er mwyn iddynt allu darllen y Gair drostynt eu hunain.

Law yn llaw â'r adfywiadau ysbrydol, felly, gwelwn yn y 18fed ganrif ac i mewn i'r 19eg ganrif ymdrechion mawr i ddysgu pobl i ddarllen er mwyn iddynt allu darllen y Beibl. Enghraifft hynod, a hynod lwyddiannus, o hyn oedd y gyfundrefn ryfeddol o ysgolion elusennol cylchynol y dechreuodd Griffith Jones (1684–1761), Llanddowror, eu trefnu o'r 1730au ymlaen. Erbyn iddo farw yn 1761 roedd tynnu am hanner poblogaeth Cymru wedi dysgu darllen trwy ei ysgolion, a Chymru drwy hynny wedi dod yn un o wledydd mwyaf llythrennog y byd. Yna, tua diwedd y 18fed ganrif, cawn Thomas Charles (1755–1814) yn dilyn yn ôl traed Griffith Jones ac yn cynnal ysgolion cylchynol i ddechrau, ond yna yn mynd ati i hyrwyddo mudiad yr ysgol Sul – mudiad a fyddai'n tyfu'n eithriadol rymus yng Nghymru yn ystod y 19eg ganrif: erbyn 1850 roedd bron 30% o boblogaeth Cymru (yn blant ac oedolion) yn mynychu ysgolion Sul, a thua 40% erbyn 1900; a'r Beibl, wrth gwrs, oedd canolbwynt maes llafur yr ysgolion hynny.

Wedi iddynt ddysgu darllen y Beibl, codai awydd angerddol yn y rhai yr effeithiwyd arnynt gan adfywiadau ysbrydol y cyfnod am gael meddu eu copi personol eu hunain o Air Duw. A'r galw mawr hwnnw am Feiblau gan werin bobl Cymru a arweiniodd at sefydlu Cymdeithas y Beibl yn 1804 â'i nod o ddarparu 'Beibl i bawb o bobl y byd' – cymdeithas sy'n bodoli o hyd, wrth gwrs, yn rhan o rwydwaith sy'n gweithredu mewn tua 250 o wledydd erbyn hyn ac yn dosbarthu miliynau o Feiblau bob blwyddyn.

Yr hyn a ddigwyddodd oedd bod Thomas Charles wedi apelio mewn cyfarfod yn Llundain yn 1802 am sefydlu cymdeithas er mwyn sicrhau cyflenwad cyson o Feiblau Cymraeg rhad ar gyfer gwerin Cymru, ac yn sgil ei apêl cytunwyd nid i sefydlu cymdeithas o'r fath ar gyfer Cymru yn unig, ond hefyd ar gyfer yr holl fyd. Dywedir i Thomas Charles adrodd yn y cyfarfod hwnnw hanes merch ifanc, dlawd a gerddodd o'i bwthyn wrth droed Cadair Idris i'r Bala, taith o dros 25 milltir, i brynu Beibl ganddo, a bod stori ei hymdrechion a'i haberth i gael ei chopi hi ei hun o'r Beibl wedi cael effaith fawr ar y cyfarfod.

Mary Jones oedd enw'r ferch honno, wrth gwrs. Daeth i ffydd bersonol yn wyth mlwydd oed. Dysgodd ddarllen y Beibl yn un o ysgolion cylchynol Thomas Charles pan oedd tua deng mlwydd oed ac yna, wedi tua chwe mlynedd o gynilo, llwyddodd i grynhoi digon o arian i fforddio prynu copi o'r Beibl iddi hi ei hun. A dyma hi'n mentro, felly, i'r Bala yn 1800, yn bymtheng mlwydd oed, yn y gobaith o allu prynu Beibl gan Thomas Charles.

Aeth hanes Mary Jones yn eithriadol o boblogaidd yn syth wedi iddo gael ei gyhoeddi ar ffurf llyfr yn 1879, ac mae'n parhau yn boblogaidd iawn heddiw. Cydiodd ei stori yn nychymyg miloedd lawer o bobl ar draws y byd. Cyffyrddwyd ac ysbrydolwyd nifer fawr dros y blynyddoedd gan ei hymdrech i brynu Beibl yng nghanol ei thlodi, ac fe dyfodd yn ffigur eiconaidd sy'n symbol o awydd mawr pobl gyffredin, anodd eu hamgylchiadau, i gael eu copi eu hunain o'r Beibl ac o'u parodrwydd i aberthu er mwyn ei gael. Mae ei hanes wedi cyrraedd print mewn tua deugain o ieithoedd erbyn hyn, a rhwng hynny a phresenoldeb amlwg ei stori ar-lein, gellir dweud yn hyderus mai Mary Jones yw Cymraes enwocaf y byd.

Roedd y Beibl yn greiddiol i fywyd a gwaith Thomas Charles. Fel y dywedodd R. Tudur Jones yn ei lyfr *Thomas Charles o'r Bala: Gwas y Gair a Chyfaill Cenedl* (1979): 'Pan drown at waith cyhoeddus Thomas Charles, daw'n amlwg ar unwaith fod ei amrywiol gynlluniau'n canoli ar y Beibl. Perthynai i genhedlaeth o arweinyddion crefyddol a oedd ... yn gyfrifol am weu'r Beibl mewn ffordd newydd i batrwm bywyd a diwylliant gwerin Cymru. ... Yr oedd â'i fryd ar adeiladu yng Nghymru wareiddiad wedi ei wreiddio yn yr Ysgrythur.' Ac yn ystod y 19eg ganrif gwelwn gyfran arwyddocaol o boblogaeth Cymru yn cofleidio'r diwylliant beiblaidd hwnnw, gan ymroi i ddarllen ac astudio'r Beibl, dysgu darnau ohono ar eu cof, ei drafod a'i esbonio, myfyrio'n ddwfn arno, a chymhwyso ei wirioneddau i'w bywydau; a gwnaeth llawer un hynny'n gyson mewn amrywiaeth o gyd-destunau: wrth eu hunain gartref; yn y 'ddyletswydd deuluaidd' ar yr aelwyd; yn y gweithle; wrth ymlacio yng nghwmni cyfeillion; mewn oedfaon pregethu; mewn seiat a dosbarth ysgol Sul, ac yn y blaen.

Cyfryngau pwysig ar gyfer hybu'r diwylliant beiblaidd hwnnw oedd rhai o gyhoeddiadau Thomas Charles ei hun, ac yn arbennig ei holwyddoreg enwog, *Hyfforddwr yn Egwyddorion y Grefydd*

Gristionogol, a'i *Eiriadur Ysgrythurol* enseiclopedaidd. Dyma ddau o lyfrau mwyaf poblogaidd a dylanwadol y 19eg ganrif – er enghraifft, aeth ei *Hyfforddwr* i dros 80 argraffiad yn ystod y ganrif honno – a chyfrannodd y ddau gyhoeddiad hyn yn sylweddol at fowldio meddwl a byd-olwg llawer o Gymry'r 19eg ganrif ac wedi hynny.

Oes aur cyhoeddi Cymraeg oedd y 19eg ganrif, ac roedd cyfran uchel o'r cyhoeddiadau niferus a lifodd o'r wasg yn y ganrif honno yn rhai crefyddol a beiblaidd eu natur a'u cynnwys – yn esboniadau, yn gofiannau pregethwyr, yn gylchgronau enwadol, yn llyfrau defosiynol, yn holwyddoregau, yn gyfrolau ar hanes yr eglwys, ac yn y blaen. Ar ben hynny, roedd llawer o awduron a golygyddion y ganrif – gan gynnwys awduron a golygyddion cyhoeddiadau 'seciwlar' yn ogystal â'r rhai 'uniongyrchol grefyddol' – yn dod o blith y dosbarth 'proffesiynol' mwyaf lluosog yng Nghymru ar y pryd, sef offeiriaid Eglwysig a gweinidogion Anghydffurfiol: roedd tua 2,000 o offeiriaid a gweinidogion yng Nghymru erbyn 1851 a thua 4,000 erbyn 1891.

Ac yn ogystal â'r ffrwydrad mewn cyhoeddiadau crefyddol o bob math yn ystod y 19eg ganrif, gwelwyd argraffiadau lu o'r Beibl Cymraeg yn arllwys o'r wasg. Argraffwyd tua 28,000 o Feiblau Cymraeg rhwng 1588 ac 1700 a chyhoeddwyd dros 100,000 yn y 18fed ganrif, ond mewn cymhariaeth, cynhyrchwyd Beiblau ar raddfa aruthrol yn ystod y 19eg ganrif – dros 200 argraffiad i gyd, a rhai miloedd o gopïau ym mhob argraffiad. Un o'r Beiblau mwyaf poblogaidd yw'r un a lysenwyd yn 'Feibl Peter Williams', sef yr argraffiad teuluaidd o'r Beibl a ymddangosodd gyntaf yng Nghaerfyrddin yn 1770, lle yr oedd yr arweinydd Methodist, Peter Williams, wedi ychwanegu sylwadau esboniadol ar ddiwedd pob pennod. Erbyn 1900 roedd tua 40 argraffiad o 'Feibl Peter Williams' wedi ymddangos, a rhoddwyd i'r Beibl mawr hwnnw yn ei rwymiad addurnedig, cadarn, le o anrhydedd mewn llawer parlwr yn Oes Victoria.

O tua diwedd y 19eg ganrif ymlaen gwelwyd dirywiad cyson yn nifer y bobl yng Nghymru a gofleidiai'r diwylliant beiblaidd a arddelwyd gan gynifer am gyfran helaeth o'r ganrif honno; ac nid hynny yn unig, ond gwelwyd dirywiad cyson hefyd yn y niferoedd a arddelai'r ffydd Gristnogol o gwbl. Ac mae'n drawiadol bod y gostyngiad cyson yn yr ymlyniad wrth y Ffydd a welwyd yng Nghymru ar hyd yr 20fed ganrif wedi cydgerdded â gostyngiad cyson yn niferoedd y siaradwyr Cymraeg. Ond parhaodd y diwylliant beiblaidd a fu'n rhan mor fawr o fywyd Cymru i fod yn elfen bur amlwg yn y bywyd Cymraeg mewn llawer man ymhell i mewn i'r 20fed ganrif, ac yr oedd digon o egni ynddo o hyd i allu cynhyrchu cyfieithiad newydd o'r Beibl yn y Gymraeg erbyn 1988, sef erbyn dathlu 400 mlwyddiant cyhoeddi 'Beibl William Morgan' yn 1588.

Roedd cyhoeddi *Y Beibl Cymraeg Newydd* yn 1988 yn benllanw nifer o ymdrechion yn ystod y 19fed ganrif a'r 20fed i ddiwygio a diweddaru 'Beibl William Morgan' neu i greu cyfieithiad Cymraeg newydd o'r Beibl. Roedd dau reswm sylfaenol dros hynny. Yn gyntaf, er cymaint y gamp sydd ar 'Feibl William Morgan' o ran ei arddull, y mae'r Gymraeg (fel pob iaith fyw) wedi newid dros y canrifoedd, gyda'r canlyniad bod rhannau o Feibl 1620 bellach yn dywyll neu yn gamarweiniol eu hystyr. Yn ogystal, er bod 'Beibl William Morgan' yn gynnyrch ysgolheictod o'r radd flaenaf yn ei ddydd, y mae ysgolheictod beiblaidd oddi ar 1620 wedi taflu goleuni pellach ar destun gwreiddiol yr Ysgrythur a'i ystyr.

Ond er yr ymdrechion amrywiol i greu cyfieithiad newydd, rhaid oedd aros tan 1988 cyn cael cyfieithiad Cymraeg newydd o'r Beibl cyfan – er rhaid cofio, fel yn achos 'Beibl William Morgan', mai proses dros gyfnod oedd cynhyrchu'r *Beibl Cymraeg Newydd*: cyhoeddwyd y Testament Newydd yn 1975, y Salmau yn 1979, y Beibl cyfan yn 1988, ac yna yn 2004 *Y Beibl Cymraeg Newydd: Argraffiad Diwygiedig*. A'r hyn sy'n drawiadol yw inni weld hefyd gyhoeddi cyfieithiad newydd arall o'r Beibl cyfan i'r Gymraeg yn nechrau'r 21ain ganrif, sef beibl.net. Gwaith Arfon Jones, brodor o Ddyffryn Clwyd, ydyw yn bennaf, ac o ran cywair y mae wedi ei anelu at 'gyflwyno neges y Beibl mewn Cymraeg llafar syml'. Mae'n werth ychwanegu hefyd fod Cymdeithas y Beibl wedi datblygu 'Ap Beibl', lle y gellir darllen ar-lein fersiynau digidol o lawer o'r gwahanol gyfieithiadau i'r Gymraeg o'r Beibl neu rannau ohono a wnaed dros y canrifoedd, gan gynnwys hefyd nifer o fydryddiadau o'r Salmau.

Mae'n wir bod rhai o'r ymadroddion o 'Feibl William Morgan' a ddetholwyd i'r gyfrol bresennol wedi cilio erbyn hyn o'n hiaith lafar a llenyddol gyfoes, wrth i ddylanwad Cristnogaeth ar y diwylliant Cymraeg leihau yn y cyfnod diweddar ac wrth i genedlaethau iau o Gristnogion fod yn fwy cyfarwydd â'r cyfieithiadau diweddar o'r Beibl nag â 'Beibl William Morgan'. Ond wedi dweud hynny, mae'r detholiad o ymadroddion sydd yn y gyfrol hon – a rhaid cofio mai detholiad bychan ydyw, mewn gwirionedd, o blith yr ymadroddion niferus ym 'Meibl William Morgan' a blwyfodd yn y Gymraeg dros y canrifoedd –

yn dangos yn glir y dylanwad eithriadol o drwm a gafodd y cyfieithiad hwnnw ar yr iaith Gymraeg, ei geirfa a'i harddull, o'r 16eg ganrif ymlaen; a dengys hefyd fod y dylanwad hwnnw'n parhau i raddau hyd y dydd heddiw.

Ac fel yr awgrymwyd eisoes, nid ar yr iaith Gymraeg yn unig y gwelwyd dylanwad 'Beibl William Morgan' a'r diwylliant beiblaidd a hybwyd ganddo, ond ar lawer agwedd arall ar fywyd Cymru, gan gynnwys ei bywyd cymdeithasol a gwleidyddol, y byd cerddorol, byd pensaernïaeth, ac yn blaen. Afraid dweud y bu 'Beibl William Morgan' yn ddylanwad trwm iawn ar lenyddiaeth Gymraeg, ac wrth inni dynnu'r drafodaeth hon i'w therfyn, gadewch inni oedi am ychydig gyda'i ddylanwad ar y llenyddiaeth honno.

Mae llenyddiaeth Gymraeg o'r 16eg ganrif ymlaen yn aml yn frith o ddyfyniadau ac adleisiau o 'Feibl William Morgan' ac yn drwm dan ddylanwad ei arddull, ac nid y gweithiau 'uniongyrchol grefyddol' yn unig o bell ffordd. Golyga hynny ei bod yn amhosibl i rywun ddeall ystyr ac arwyddocâd darn o lenyddiaeth yn llawn heb adnabod y gyfeiriadaeth feiblaidd sydd ynddo. Er enghraifft, ni ellir deall yn llawn ergyd teitl nofel Kate Roberts, *Traed mewn Cyffion* (1936), heb wybod ei fod yn adlais o Lyfr Job 33:11, nac ergyd teitl nofel Jane Edwards, *Bara Seguryd* (1969), heb sylweddoli fod yr ymadrodd hwnnw yn digwydd yn Llyfr y Diarhebion 31:27.

Wrth reswm y mae i'w ddisgwyl fod cyfeiriadau beiblaidd i'w cael mewn gweithiau 'uniongyrchol grefyddol', a'r rheini'n cyfoethogi'r dweud wrth i feddwl y darllenydd wibio o'r testun i'r adlais beiblaidd a'i gyd-destun ac yn ôl. Dyna waith ein hemynwyr, er enghraifft. Wrth ddarllen gweddi Williams Pantycelyn, 'Colofn dân rho'r nos i'm harwain,/ A rho golofn niwl y dydd', yn ei emyn 'Arglwydd, arwain trwy'r anialwch', â'r meddwl at hanes taith yr Israeliaid trwy'r anialwch yn Exodus 13:21; ac yn yr addasiad Saesneg hynod boblogaidd o'r emyn hwnnw, 'Guide me, O Thou great Jehovah', wrth ganu'r geiriau 'Bread of heaven,/ Feed me now and evermore', cawn ein hatgoffa nid yn unig o hanes Duw yn rhoi 'manna', rhyw fath o 'fara o'r nef', i'r Israeliaid ar eu taith yn yr anialwch, ond hefyd o eiriau Iesu Grist yn Ioan 6:32–35, lle y dywed mai Ef yw'r 'gwir fara o'r nef'. O droi wedyn at emyn mawr Ann Griffiths, 'Wele'n sefyll rhwng y myrtwydd/ Wrthrych teilwng o'm holl fryd', amhosibl yw deall paham y mae hi'n cyfeirio at fyrtwydd yn y llinell gyntaf heb sylweddoli bod hynny'n adleisio gweledigaeth ym mhroffwydoliaeth Sechareia 1:8.

Amhosibl wedyn yw deall 'Gwae inni wybod y geiriau heb adnabod y Gair', llinell agoriadol cerdd Gwenallt, 'Ar Gyfeiliorn', heb fod yn gyfarwydd â'r prolog ar ddechrau Efengyl Ioan, na deall arwyddocâd teitl cyfrol Waldo Williams, *Dail Pren*, heb sylweddoli ei fod yn adleisio pennod olaf Llyfr y Datguddiad. Ac er, yn wahanol i'w gyfoeswyr Gwenallt a Waldo, na chofleidiodd T. H. Parry-Williams y ffydd Gristnogol, ceir llawer o adleisiau beiblaidd yn ei waith, am iddo gael ei drwytho yn y Beibl a'i fagu mewn cyd-destun diwylliannol a oedd yn drwm dan ei ddylanwad. Er enghraifft, ni ellir gwerthfawrogi yn llawn gerdd serch sardonig Parry-Williams, 'Yr Esgyrn Hyn', heb wybod ei fod yn tynnu'n drwm o ran cyfeiriadaeth ar y weledigaeth o 'esgyrn sychion' ym mhroffwydoliaeth Eseciel 37 (heb sôn am y ffaith fod y Parch. R. R. Morris, ewythr T. H. Parry-Williams, wedi llunio emyn gweddigar, 'Ysbryd byw y deffroadau', yn adleisio'r union bennod honno o broffwydoliaeth Eseciel rai blynyddoedd cyn i Parry-Williams lunio ei gerdd ef). Mewn geiriau eraill, mae llawer darn o lenyddiaeth Gymraeg, o'r 16eg ganrif hyd heddiw, yn hanner caeedig i'r rheini nad ydynt yn gyfarwydd â 'Beibl William Morgan'.

Fel y nodwyd droeon erbyn hyn, anodd yw gorbwysleisio pwysigrwydd cyfieithu'r Beibl i'r Gymraeg. Am ganrifoedd bu ei ddylanwad yn drwm ar bob agwedd ar fywyd Cymru, ac nid ar ei bywyd ysbrydol yn unig. Yn wir, nid gormod haeru mai'r Beibl Cymraeg fu un o'r dylanwadau pennaf ar feddwl a byd-olwg y Cymry dros y canrifoedd. Ac fel y gwelwn o'r enghreifftiau yn y gyfrol hon, aeth arddull ac ymadroddion 'Beibl William Morgan' i fêr esgyrn y Gymraeg ei hun.

Bu 'Beibl William Morgan' yn gaer i'n hiaith, yn ysbrydoliaeth i'n llenorion, ac uwchlaw dim yn faeth ysbrydol i lu o'n cyd-Gymry dros y cenedlaethau. 'Dos rhagot a darllain,' meddai'r Esgob Richard Davies yn ei ragymadrodd i'r argraffiad cyntaf o'r Testament Newydd Cymraeg yn 1567; ' ... canys yma y cei ymborth i'r enaid, a channwyll i ddangos y llwybr a'th ddwg i wlad teyrnas nef.' Yr un yw'r anogaeth a'r addewid i bob Cymro a Chymraes heddiw fel erioed.

Gair Duw ar Lafar Gwlad

◆ Achub y blaen

Defnydd cyfoes: Os bydd rhywun yn gwneud rhywbeth yr oeddem ni wedi bwriadu ei wneud cyn i ni wneud hynny, maent yn 'achub y blaen' arnom.

Cyd-destun beiblaidd: Yn Salm 21 mae Duw yn mynd allan i gyfarfod â Dafydd i'w fendithio. Mae hyn yn tystio i ras Duw tuag at Dafydd. Mae gras Duw yn dod atom ni cyn i ni wneud dim. Yn Salm 119 mae'r Salmydd yn sôn am godi cyn y wawr i geisio Duw.

> **Salm 21:3**
> *Canys achubaist ei flaen ef â bendithion daioni: gosodaist ar ei ben ef goron o aur coeth.*
> **Salm 119:147**
> *Achubais flaen y cyfddydd, a gwaeddais; wrth dy air y disgwyliais.*

◆ Adeiladu (tŷ) ar dywod

Defnydd cyfoes: Wrth gyfeirio at unrhyw brosiect sydd heb seiliau cadarn, lle y gellid rhagweld o'r dechrau fod methiant yn sicr.

Cyd-destun beiblaidd: Diwedd y Bregeth ar y Mynydd, lle y mae Iesu'n pwysleisio nad yw gwybod ei eiriau yn unig yn ddigon. Dywed mai'r bobl sy'n gwrando arno ac yna'n gwneud yr hyn y mae'n ei ddweud yw'r rhai sy'n adeiladu eu bywyd ar sylfaen dda. Mae'r rhai sy'n gwrando ar Iesu ond heb wneud yr hyn y mae'n ei ddweud yn debyg i rywun ffôl sy'n adeiladu ei dŷ ar dywod – hynny yw, heb unrhyw sail i wrthsefyll stormydd bywyd, a barn Duw yn arbennig.

Mathew 7:26
A phob un a'r sydd yn gwrando fy ngeiriau hyn, ac heb eu gwneuthur, a gyffelybir i ŵr ffôl, yr hwn a adeiladodd ei dŷ ar y tywod.

◆ Adenydd colomen pe cawn

Defnydd cyfoes: Mynegi dyhead i ddianc rhag yr hyn sy'n ein cyfyngu a'n llethu, yn enwedig yn ein bywyd ysbrydol. Mae'n debygol mai emyn Thomas William, Bethesda'r Fro, a wnaeth yr ymadrodd yn boblogaidd: 'Adenydd colomen pe cawn,/ Ehedwn a chrwydrwn ymhell.'

Cyd-destun beiblaidd: Roedd y Salmydd mewn trafferth mawr oherwydd ei elyn, i'r pwynt lle roedd ofn a dychryn wedi ei lethu. Yn ei argyfwng hiraetha am fod fel colomen a allai hedfan i ffwrdd i'r anialwch er mwyn cuddio 'ymhell o'r storm a'r cythrwfl i gyd' (beibl.net).

Salm 55:6
A dywedais, O na bai i mi adenydd fel colomen! yna yr ehedwn ymaith, ac y gorffwyswn.

◆ Addoli'r llo aur

Defnydd cyfoes: Crefyddol yw'r defnydd fel arfer. Mae'n golygu gwrthod addoli Duw'r Beibl sydd wedi ei ddangos ei hun yn Iesu a chreu duw i ni'n hunain i'w addoli yn ei le. Gan mai arian a'r hyn y gall arian ei brynu yw prif 'dduw' ein cymdeithas bellach, mae 'llo aur' yn addas iawn i'w ddisgrifio.

Cyd-destun beiblaidd: Hanes Israel wrth fynydd Sinai ar ôl yr Exodus o'r Aifft. Roedd Moses wedi mynd i fyny i'r mynydd i gwrdd â Duw. Gan iddo aros yno am yn hir, penderfynodd y bobl nad oedd yn mynd i ddod yn ôl a pherswadio Aaron i wneud duw iddynt. Gofynnodd Aaron am eu haur, a gwnaeth 'lo tawdd' ohono. Mae'n hawdd deall sut yr aeth 'llo tawdd' yn 'llo aur' oblegid mai o aur wedi ei doddi y cafodd ei wneud. Bu hyn yn bechod mawr yn Israel, ac oni bai am eiriolaeth ddwys Moses byddai'r Israeliaid wedi cael eu difa. Mae'r hanes yn Exodus 32.

> **Exodus 32:3–4**
> *A'r holl bobl a dynasant y clustlysau aur oddi wrth eu clustiau, ac a'u dygasant at Aaron. Ac efe a'u cymerodd o'u dwylo, ac a'i lluniodd â chŷn, ac a'i gwnaeth yn llo tawdd: a hwy a ddywedasant, Dyma dy dduwiau di, Israel, y rhai a'th ddug di i fyny o wlad yr Aifft. (Ystyr 'dug' yw 'dygodd'.)*

◆ Ai ceidwad fy mrawd ydwyf fi?

Defnydd cyfoes: Gwrthod cymryd cyfrifoldeb dros rywun arall. Mae'n crynhoi ymateb llawer o bobl bellach tuag at rai anghenus (megis ffoaduriaid, tlodion ac yn y blaen).

Cyd-destun beiblaidd: Hanes Cain yn lladd ei frawd Abel am ei fod yn genfigennus ohono (Genesis 4:8–16). Ar ôl y llofruddiaeth daeth Duw at Cain i holi hynt Abel. Ateb Cain oedd, 'Ai ceidwad fy mrawd ydwyf fi?' Ymateb Duw oedd atgoffa Cain ei fod wedi llofruddio ei frawd ac oblegid hynny y byddai'n rhaid ei gosbi. Y gosb oedd alltudiaeth, am fod gwaed Abel wedi llygru'r pridd.

> **Genesis 4:9**
> *A'r Arglwydd a ddywedodd wrth Cain, Mae Abel dy frawd di? Yntau a ddywedodd, Nis gwn; ai ceidwad fy mrawd ydwyf fi?*

◆ Â'i holl egni / â'th holl egni

Defnydd cyfoes: Wrth ddisgrifio rhywun sy'n ymgymryd ag unrhyw weithgarwch â brwdfrydedd ac yn dal ati'n ddiwyd.

Cyd-destun beiblaidd: Brwdfrydedd Dafydd wrth addoli Duw a welir yn yr adnod o 2 Samuel isod; ond yn Llyfr y Pregethwr y cyd-destun yw angau. Y pwynt yn y fan honno yw y dylem wneud y gorau o'r amser sydd gennym trwy weithio â'n holl egni, oblegid ni allwn wneud dim pan fydd ein bywyd ar ben.

> **2 Samuel 6:14**
> A Dafydd a ddawnsiodd â'i holl egni gerbron yr ARGLWYDD; a Dafydd oedd wedi ymwregysu ag effod liain. (Math o ddilledyn oedd 'effod'.)
>
> **Pregethwr 9:10**
> Beth bynnag a ymafael dy law ynddo i'w wneuthur, gwna â'th holl egni: canys nid oes na gwaith, na dychymyg, na gwybodaeth, na doethineb, yn y bedd, lle yr wyt ti yn myned.

◆ Alffa ac Omega

Defnydd cyfoes: Gan mai llythrennau cyntaf ac olaf yr wyddor Roegaidd yw alffa ac omega, mae'r ymadrodd yn cyfleu cyflawnder nad oes modd ychwanegu dim ato.

Cyd-destun beiblaidd: Gelwir yr Arglwydd Iesu Grist yn 'Alffa ac Omega' yn Llyfr y Datguddiad, sef ar y dechrau yn Datguddiad 1:8 ac 11, ac yna ar y diwedd yn Datguddiad 21:6 a 22:13. Mae hyn yn briodol oblegid pwrpas y llyfr hwnnw yw dangos penarglwyddiaeth Duw yng Nghrist dros hanes, a diwedd hanes fydd sefydlu teyrnasiad tragwyddol Duw dros nefoedd newydd a daear newydd. Mae cyflawnder ymwneud Duw â'r ddynoliaeth yn cael ei grynhoi ym mherson Iesu, y Meseia sy'n Alffa ac Omega.

Datguddiad 1:8
Mi yw Alffa ac Omega, y dechrau a'r diwedd, medd yr Arglwydd, yr hwn sydd, a'r hwn oedd, a'r hwn sydd i ddyfod, yr Hollalluog.

◆ Amen

Defnydd cyfoes: Ystyr sylfaenol y gair 'amen' yw 'Rwy'n cytuno ac yn cadarnhau bod yr hyn sydd wedi cael ei ddweud yn wir.' Gan y dywedir 'amen' yn gyffredin wrth orffen gweddi, mae'r gair hefyd wedi magu'r ystyr ei bod hi ar ben ar rywun neu rywbeth: 'Mae'n amen arnynt ...', 'Mae'n amen arnom ...', ac yn y blaen.

Cyd-destun beiblaidd: Yn y Beibl gall 'amen' olygu cytundeb moel, megis yn y dyfyniad o Deuteronomium isod, neu gytundeb brwdfrydig a thwymgalon yng nghyd-destun addoliad cyhoeddus, fel yn y dyfyniad o Nehemeia. Yn y Testament Newydd mae'r mwyafrif llethol o enghreifftiau o 'amen' yn y gwreiddiol wedi cael eu cyfieithu fel 'yn wir', yn hytrach na chadw'r gair 'amen'. Mae Iesu'n aml iawn yn dechrau ei ddywediadau pwysig â'r gair 'amen': 'Yn wir [= amen] y dywedaf i chwi, y maddeuir pob pechod i feibion dynion ...' (Marc 3:28). Trwy ddechrau ag 'amen' mae Iesu'n pwysleisio bod yr hyn a ddywed yn wirionedd ac yn haeddu cytundeb. Mae'r Arglwydd Iesu'n cael ei alw'n 'Amen ... y Tyst ffyddlon a chywir' yn Datguddiad 3:14.

Deuteronomium 27:17
Melltigedig yw yr hwn a symudo derfyn ei gymydog. A dyweded yr holl bobl, Amen.

Nehemeia 8:6
Ac Esra a fendithiodd yr Arglwydd, y Duw mawr. A'r holl bobl a atebasant, Amen, Amen, gan ddyrchafu eu dwylo: a hwy a ymgrymasant, ac a addolasant yr Arglwydd â'u hwynebau tua'r ddaear.

◆ Amser i bopeth

Defnydd cyfoes: I nodi bod amser priodol ar gyfer gwahanol achlysuron neu ddigwyddiadau yng nghwrs bywyd, megis dod i oed, priodi, geni plentyn, marwolaeth. Dylem, felly, ymagweddu mewn ffordd addas tuag at yr achlysuron hyn, ac at achlysuron mwy cymunedol hefyd. Mewn cyd-destun seciwlar defnyddir yr ymadrodd mewn ffordd negyddol neu eironig yn aml, i nodi nad yw'n amser priodol i wneud rhywbeth penodol.

Cyd-destun beiblaidd: Mae Pregethwr 3:1–9 yn cyfleu cylch bywyd a marwolaeth mewn ffordd sy'n gwneud i ni deimlo ein bod wedi ein dal mewn cylch creulon na allwn ddianc ohono. Mae'r teimlad yma'n cael ei fynegi yn adnodau 9–10. Ond yn adnod 11 mae newid cywair oblegid y mae'r cylch dan awdurdod Duw, sydd wedi rhoi 'y byd' yn ein calonnau ('Beibl William Morgan') neu, yn well, wedi ein gwneud 'yn ymwybodol o'r tragwyddol' (beibl.net). Yng ngoleuni pwrpas tragwyddol Duw mae cyfnewidioldeb bywyd yn y byd yn edrych yn wahanol iawn.

> **Pregethwr 3:1–2**
> *Y mae amser i bob peth, ac amser i bob amcan dan y nefoedd: amser i eni, ac amser i farw; amser i blannu, ac amser i dynnu y peth a blannwyd.*

◆ Amynedd Job

Defnydd cyfoes: Dyfalbarhad ac amynedd anarferol mewn sefyllfa anodd.

Cyd-destun beiblaidd: Y mae Duw yn caniatáu i Satan gymryd popeth oddi ar Job ar wahân i'w fywyd. Yn Job, penodau 1 a 2, cawn hanes y ffordd y cymerodd Satan ei feddiannau niferus oddi arno, yn ogystal â'i deulu a'i iechyd. Yn y diwedd roedd hyd yn oed ei wraig yn ei annog i felltithio Duw (Job 2:9); ond ateb Job oedd, 'A dderbyniwn ni gan Dduw yr hyn sydd dda, ac oni dderbyniwn yr hyn sydd ddrwg?' (Job 2:10).

> **Iago 5:11**
> *Wele, dedwydd yr ydym yn gadael y rhai sydd ddioddefus. Chwi a glywsoch am amynedd Job, ac a welsoch ddiwedd yr Arglwydd: oblegid tosturiol iawn yw'r Arglwydd, a thrugarog.*

◆ Anadl einioes

Defnydd cyfoes: I gyfleu bod bywyd wedi dod lle roedd gynt farweidd-dra neu ddiffyg bywyd. Gall arweinwyr effeithiol chwythu 'anadl einioes' i sefydliad sydd ar fin trengi. (Ystyr 'einioes' yw 'bywyd'.)

Cyd-destun beiblaidd: Hanes creu'r ddynoliaeth fel y'i cofnodir yn Genesis 2:7. Anadl einioes Duw sy'n ein gwneud yn eneidiau byw.

> **Genesis 2:7**
> *A'r ARGLWYDD DDUW a luniasai y dyn o bridd y ddaear, ac a anadlasai yn ei ffroenau ef anadl einioes: a'r dyn a aeth yn enaid byw.*

◆ Ar adenydd y gwynt

Defnydd cyfoes: I gyfleu cyflymdra mawr.

Cyd-destun beiblaidd: Yn y Beibl mae i 'adenydd y gwynt' ystyr dwysach, oblegid cysylltir y gwynt â storm o fellt a tharanau sy'n ddarlun o Dduw yn dod mewn barn. Dod i farnu a wna Duw pan fydd yn ehedeg ar 'adenydd y gwynt'.

> **Salm 18:10**
> *Marchogodd hefyd ar y ceriwb, ac a ehedodd: ie, efe a ehedodd ar adenydd y gwynt.* (Bod goruwchnaturiol a chanddo adenydd yw 'ceriwb'.)

◆ Ar dir y byw

Defnydd cyfoes: Yr ystyr yw bod rhywun yn dal yn fyw.

Cyd-destun beiblaidd: Defnyddir yr ymadrodd yn y Beibl wrth gyferbynnu'r cyflwr o fod yn fyw â bod yn farw.

> **Salm 27:13**
> *Diffygiaswn, pe na chredaswn weled daioni yr* ARGLWYDD *yn nhir y rhai byw.* (Cymharer Salm 52:5; Eseia 38:11; Jeremeia 11:19; Eseciel 32:23–27.)

◆ Ar ddarfod

Defnydd cyfoes: I gyfleu bod rhywun neu rywbeth ar fin dod i ben (er enghraifft, bod bywyd rhywun yn dod i ben, neu fod rhyw dasg arbennig bron yn orffenedig).

Cyd-destun beiblaidd: Yn Barnwyr 19:11 y ceir yr enghraifft gyntaf ym 'Meibl William Morgan', a hynny i gyfleu'r syniad bod golau dydd yn dod i ben. Yn Job 29:13 a Diarhebion 31:6 bywyd ar fin dod i ben sydd mewn golwg. Ymadrodd tebyg sydd i'w weld yn y Beibl yw 'darfod amdanaf', 'darfod amdano' ac yn y blaen. Dywed Huw Jones yn ei gyfrol *Y Gair yn ei Bryd* mai'r ystyr yw 'rhywun y mae bron â dod i'r pen arno, neu rywun y mae hi bron ar ben arno'. Er enghraifft, dywed Eseia pan gafodd weledigaeth yn y deml o Dduw yn ei ogoniant, 'Gwae fi! canys darfu amdanaf' (Eseia 6:5). Ac meddai Esther wrth iddi fentro ei bywyd trwy fynd i ŵydd y brenin, 'Ac o derfydd amdanaf, darfydded' (Esther 4:16; ystyr 'o derfydd' yw 'os derfydd').

> **Barnwyr 19:11**
> *A phan oeddynt hwy wrth Jebus, yr oedd y dydd ar ddarfod: a'r llanc a ddywedodd wrth ei feistr, Tyred, atolwg, trown i ddinas hon y Jebusiaid, a lletywn ynddi.*

◆ Ar ddisberod

Defnydd cyfoes: I nodi bod rhywun neu rywbeth wedi mynd ar goll neu wedi crwydro o'i le; yn aml mewn cyd-destun crefyddol i olygu ymbellhau oddi wrth Dduw a gwerthoedd y ffydd Gristnogol.

Cyd-destun beiblaidd: Dim ond yn Nameg y Ddafad Golledig y ceir yr ymadrodd hwn yn y Beibl, a hynny yng nghyd-destun gofal mawr Duw dros bawb sy'n perthyn iddo, waeth pa mor fychan a gwan y bônt. Os â un 'ar ddisberod', bydd Iesu'n mynd i chwilio amdano i'w adfer i berthynas ag ef ei hun ac â gweddill ei ddefaid.

> **Mathew 18:12**
> *Beth dybygwch chwi? O bydd gan ddyn gant o ddefaid, a myned o un ohonynt ar ddisberod; oni ad efe y namyn un cant, a myned i'r mynyddoedd, a cheisio'r hon a aeth ar ddisberod?* (Ystyr yr 'O' yn 'O bydd' yw 'Os'.)

◆ Ar ei ganfed

Defnydd cyfoes: Cael canlyniadau arbennig o dda yn sgil rhyw weithred neu brosiect.

Cyd-destun beiblaidd: Dameg Iesu am yr Heuwr – er y byddai 'Y Tiroedd' yn deitl gwell. Pwynt y stori yw bod yr efengyl yn cael derbyniad gwahanol gan wahanol bobl. Yn yr achos hwn mae'r had yn disgyn ar dir da, a'r cnwd o'r herwydd yn ffrwythlon iawn. (Gweler hefyd y cofnod 'Syrthio ar dir caregog'.)

> **Luc 8:8**
> *A pheth arall a syrthiodd ar dir da; ac a eginodd, ac a ddug ffrwyth ar ei ganfed. Wrth ddywedyd y pethau hyn, efe a lefodd, Y neb sydd â chlustiau ganddo i wrando, gwrandawed.* (Ystyr 'dug' yw 'dygodd'.)

◆ Ar ei uchelfannau – gweler 'Uchelfannau'r maes'

◆ Ar ganiad y ceiliog

Defnydd cyfoes: Yn gynnar iawn yn y bore. Ystyr y gair 'plygain' yn yr ymadrodd 'carolau plygain' yw 'caniad y ceiliog' am eu bod yn wreiddiol yn cael eu canu mewn gwasanaeth a gynhelid yn gynnar iawn ar fore dydd Nadolig.

Cyd-destun beiblaidd: Dywed Huw Jones yn ei gyfrol *Y Gair yn ei Bryd*: 'Rhannai'r Iddewon y nos yn bedair gwyliadwriaeth, – gwyliadwriaeth gyda'r hwyr; gwyliadwriaeth hanner nos; gwyliadwriaeth caniad y ceiliog; gwyliadwriaeth y bore.' Rhybudd yw geiriau Iesu yn Marc 13 i fod yn barod bob amser ar gyfer ei Ail Ddyfodiad.

Marc 13:35–36
Gwyliwch gan hynny, (canys ni wyddoch pa bryd y daw meistr y tŷ, yn yr hwyr, ai hanner nos, ai ar ganiad y ceiliog, ai'r boreddydd;) rhag iddo ddyfod yn ddisymwth, a'ch cael chwi'n cysgu.

◆ Ar lun a delw

Defnydd cyfoes: I fynegi tebygrwydd. Os dywedir bod rhywun neu rywbeth ar 'lun a delw' rhywun neu rywbeth arall, yr ystyr yw eu bod yn debyg iawn i'w gilydd ac y byddai'n anodd gweld gwahaniaeth rhyngddynt.

Cyd-destun beiblaidd: Dywed y Beibl fod pobl wedi eu creu ar lun a delw Duw. Bu llawer o drafod ar union ystyr yr ymadrodd yn Genesis 1:26, ond mae gweddill yr adnod yn awgrymu un ystyr amlwg, sef y gallu i lywodraethu dros weddill y greadigaeth – er mai difrodi creadigaeth Duw a wnawn ni mor aml bellach, ysywaeth, yn ein stad bechadurus wedi'r Cwymp. Yn Genesis 5:3 dywedir bod Adda wedi cael mab 'ar ei lun a'i ddelw ei hun', sef 'yr un ffunud' ag ef (beibl. net).

Genesis 1:26
Duw hefyd a ddywedodd, Gwnawn ddyn ar ein delw ni, wrth ein llun ein hunain: ac arglwyddiaethant ar bysg y môr, ac ar ehediad y nefoedd, ac ar yr anifail, ac ar yr holl ddaear, ac ar bob ymlusgiad a ymlusgo ar y ddaear.

◆ Armagedon

Defnydd cyfoes: Yr enw ar y rhyfel diwethaf oll ar ddiwedd amser, neu wrthdaro dramatig a thrychinebus o ryw fath. Yn aml bellach mae'r gair yn cynnwys y syniad o ryfel niwcliar.

Cyd-destun beiblaidd: Mae'n bosibl bod 'Armagedon' yn dod o 'Megido', man yn nyffryn Esdraelon yn Israel, ar y briffordd rhwng yr Aifft a Syria, lle y bu llawer o frwydro. Yn Llyfr y Datguddiad 'Armagedon' yw lleoliad y frwydr derfynol rhwng Duw a lluoedd uffern, brwydr y bydd Duw yn sicr o'i hennill.

> **Datguddiad 16:16**
> *Ac efe a'u casglodd hwynt ynghyd i le a elwir yn Hebraeg, Armagedon.*

◆ Arwyddion yr amserau

Defnydd cyfoes: Wrth gyfleu gallu rhywun i weld a deall i ba gyfeiriad y mae pethau'n mynd, er mwyn medru ymateb yn ystyrlon ac yn bwrpasol.

Cyd-destun beiblaidd: Gwrthdaro rhwng Iesu a'r Phariseaid a'r Sadwceaid. Dywedodd Iesu wrthynt eu bod yn medru darogan beth fydd y tywydd wrth edrych ar yr awyr, fore neu hwyr, ond ni allent weld arwyddocâd y gwyrthiau roedd ef yn eu cyflawni. Roeddent yn disgwyl rhyw arwydd arbennig, amgenach na'r gwyrthiau, er bod y rheini'n fwy na digon o dystiolaeth fod teyrnasiad Duw yn bresennol yn eu plith.

> **Mathew 16:2–3**
> *Ac efe a atebodd ac a ddywedodd wrthynt, Pan fyddo'r hwyr, y dywedwch, Tywydd teg; canys y mae'r wybr yn goch. A'r bore, Heddiw drycin; canys y mae'r wybr yn goch ac yn bruddaidd. O ragrithwyr, chwi a fedrwch ddeall wyneb yr wybren; ac oni fedrwch arwyddion yr amserau?*

◆ (Yr) Awdurdodau goruchel

Defnydd cyfoes: Yr awdurdodau gwleidyddol sydd â'r gallu i wneud penderfyniadau sy'n effeithio ar fywyd y dinesydd.

Cyd-destun beiblaidd: Mae'r graddau y dylai Cristnogion fod yn ddarostyngedig i lywodraethau seciwlar wedi bod yn bwnc llosg yn yr eglwys ar hyd y canrifoedd. Yr hyn a ddywed Paul yw bod llywodraeth o ordeiniad Duw ac nad mater bach yw ei gwrthwynebu a'i thanseilio. Tra bydd llywodraeth yn amddiffyn y da ac yn cosbi'r drwg, mae'n cyflawni ei phwrpas. Ond os bydd yn cosbi'r dieuog ac yn gwobrwyo troseddwyr, yna mae'n colli ei dilysrwydd a dylai'r Cristion ufuddhau i Dduw yn hytrach nag i'r 'awdurdodau goruchel'. (Gweler hefyd y cofnod 'Eiddo Cesar i Gesar'.)

> **Rhufeiniaid 13:1**
> *Ymddarostynged pob enaid i'r awdurdodau goruchel: canys nid oes awdurdod ond oddi wrth Dduw; a'r awdurdodau y sydd, gan Dduw y maent wedi eu hordeinio.*

◆ Bara beunyddiol

Defnydd cyfoes: I gyfleu bywoliaeth neu gynhaliaeth.

Cyd-destun beiblaidd: Mae'r ymadrodd yn digwydd yng Ngweddi'r Arglwydd. Dyma'r peth cyntaf y mae'r Arglwydd Iesu yn ei nodi y gallwn ofyn amdano i ni'n hunain. Mae'r ystyr yn glir iawn yn beibl.net: 'Rho i ni ddigon o fwyd i'n cadw ni'n fyw am heddiw.' Mae Duw am i ni sylweddoli ein bod yn dibynnu arno'n feunyddiol (hynny yw, bob dydd) am ein cynhaliaeth.

> **Mathew 6:11**
> *Dyro i ni heddiw ein bara beunyddiol.*

◆ Blaenffrwyth

Defnydd cyfoes: Cynnyrch cyntaf unrhyw gnwd; gall hynny fod yn llythrennol megis cnwd o ŷd neu lysiau'r ardd, neu'n drosiadol megis cynnyrch cyntaf rhyw brosiect.

Cyd-destun beiblaidd: Roedd cyflwyno ysgub y blaenffrwyth i'r offeiriad yn rhan o ddefodaeth Gŵyl y Pasg a Gŵyl y Bara Croyw. (Ystyr 'croyw' yw 'pur, digymysg'; 'bara croyw' yw bara heb lefain neu surdoes – gweler y cofnod 'Lefain yn y blawd'.) Cyflawnwyd ystyr y Pasg pan gymerodd yr Arglwydd Iesu ein pechod yn ei gorff ei hunan ar y groes (1 Pedr 2:24), a chyflawnwyd defod cyflwyno ysgub y blaenffrwyth pan atgyfododd Iesu o'r bedd. Atgyfodiad Iesu yw blaenffrwyth atgyfodiad pawb sy'n credu ynddo ar ddiwedd amser. ('Sypyn o ŷd, &c., wedi ei fedi a'i glymu ynghyd (ond heb ei ddyrnu)' yw diffiniad *Geiriadur Prifysgol Cymru* o 'ysgub'.)

> **Lefiticus 23:10**
> *Pan ddeloch i'r tir a roddaf i chwi, a medi ohonoch ei gynhaeaf; yna dygwch ysgub blaenffrwyth eich cynhaeaf at yr offeiriad.*
> **1 Corinthiaid 15:20**
> *Eithr yn awr Crist a gyfodwyd oddi wrth y meirw, ac a wnaed yn flaenffrwyth y rhai a hunasant.*

◆ Blaidd mewn croen dafad

Defnydd cyfoes: Rhywun sy'n ymddangos yn ddiniwed ar yr wyneb ond sydd mewn gwirionedd yn beryglus ac â'i fryd ar achosi niwed.

Cyd-destun beiblaidd: Diwedd y Bregeth ar y Mynydd, lle y mae Iesu'n rhybuddio ei ddilynwyr i ochel rhag proffwydi ffug neu dwyllodrus. Y ffordd i'w hadnabod, meddai, yw sylwi'n fanwl ar yr hyn a wnânt – sef eu ffrwyth – oherwydd mae'n anodd iawn ffugio ufuddhau i'r hyn y mae Iesu'n ei ddysgu yn ei bregeth enwog. (Gweler hefyd y cofnod 'Wrth eu ffrwythau'.)

> **Mathew 7:15**
> *Ymogelwch rhag gau broffwydi, y rhai a ddeuant atoch yng ngwisgoedd defaid, ond oddi mewn bleiddiaid rheibus ydynt hwy.*

◆ (Y) Brenin Mawr

Defnydd cyfoes: Ffordd o gyfeirio at Dduw. Defnyddir yr ymadrodd hefyd fel ebychiad i fynegi syndod, a'i leddfu weithiau i 'Brensiach mawr!' er mwyn osgoi cymryd enw Duw yn ofer.

Cyd-destun beiblaidd: Y mae nifer o genhedloedd yn credu bod eu duwiau'n byw ar ben mynydd uchel; credai'r Groegiaid, er enghraifft, fod eu duwiau'n byw ar fynydd Olympus. Er nad yw Seion (sef Jerwsalem) wedi ei hadeiladu ar fynydd uchel iawn, am fod gogoniant Duw wedi ymddangos yn y deml, roedd gan yr Israeliaid sail dros gredu bod y Brenin Mawr yn wir yn preswylio yn eu dinas mewn ffordd arbennig.

> **Salm 48:2**
> *Tegwch bro, llawenydd yr holl ddaear, yw mynydd Seion, yn ystlysau y gogledd, dinas y Brenin mawr.*
>
> **Mathew 5:34–35**
> *Ond yr ydwyf fi yn dywedyd wrthych chwi, Na thwng ddim: nac i'r nef; canys gorseddfa Duw ydyw: nac i'r ddaear; canys troedfainc ei draed ydyw: nac i Jerwsalem; canys dinas y brenin mawr ydyw.*

◆ Breuddwydio breuddwydion

Defnydd cyfoes: Negyddol yw'r defnydd gan amlaf, er nad felly yn yr enghraifft isod o Lyfr yr Actau. Mae rhywun sy'n 'breuddwydio breuddwydion' yn meddwl bod pethau'n mynd i droi allan yn well nag sy'n debygol ar sail y dystiolaeth sydd ar gael.

Cyd-destun beiblaidd: Dyfyniad Pedr o broffwydoliaeth Joel 2:28–32 wrth iddo esbonio beth oedd yn digwydd ar ddydd y Pentecost, pan ddisgynnodd yr Ysbryd Glân mewn grym ar y disgyblion. Mae tywalltiad yr Ysbryd Glân yn golygu bod Duw yn medru siarad yn uniongyrchol â gwahanol gredinwyr drwy broffwydoliaethau, gweledigaethau a breuddwydion.

> **Actau 2:17**
> *A bydd yn y dyddiau diwethaf, medd Duw, y tywalltaf o'm Hysbryd ar bob cnawd: a'ch meibion chwi a'ch merched a broffwydant, a'ch gwŷr ieuainc a welant weledigaethau, a'ch hynafgwyr a freuddwydiant freuddwydion.*

◆ Bwch dihangol

Defnydd cyfoes: Rhywun sy'n cael ei feio a'i gosbi am drosedd neu gamwedd rhywun arall.

Cyd-destun beiblaidd: Y ddefod yn Lefiticus lle y cymerwyd dau fwch gafr a dewis un i fod yn fwch dihangol trwy fwrw coelbren. (Gweler y cofnod nesaf.) Byddai'r bwch na ddewiswyd yn cael ei aberthu, ond byddai'r archoffeiriad yn gosod ei ddwylo ar yr un a ddewiswyd, yn arwydd symbolaidd o drosglwyddo pechodau'r bobl i'r anifail. Wedyn byddai'r bwch hwnnw'n cael ei arwain allan i'r anialwch a'i ollwng yn rhydd, yn arwydd bod Duw wedi symud pechodau'r bobl oddi wrthynt. (Ystyr 'bwch' yw 'gafr wryw'.)

Lefiticus 16:10
*A'r bwch y syrthiodd arno y coelbren i fod yn fwch dihangol, a roddir i sefyll yn fyw gerbron yr A*RGLWYDD*, i wneuthur cymod ag ef, ac i'w ollwng i'r anialwch yn fwch dihangol.*

◆ Bwrw coelbren

Defnydd cyfoes: Dull o ddewis rhywun neu lwybr arbennig trwy, er enghraifft, dynnu darnau o bapur neu bren na ellir eu gweld, allan o het neu ryw lestr arall. Math o 'fwrw coelbren' yw tynnu tocyn raffl allan o het.

Cyd-destun beiblaidd: Penderfynodd y milwyr a groeshoeliodd Iesu rannu ei ddillad rhyngddynt trwy fwrw coelbren. Defnyddiodd yr apostolion yr un dull i ddewis apostol newydd yn olynydd i Jwdas a oedd wedi bradychu Iesu.

Marc 15:24
Ac wedi iddynt ei groeshoelio, hwy a ranasant ei ddillad ef, gan fwrw coelbren arnynt, beth a gâi pob un.

Actau 1:26
A hwy a fwriasant eu coelbrennau hwynt: ac ar Matheias y syrthiodd y coelbren; ac efe a gyfrifwyd gyda'r un apostol ar ddeg.

◆ Bwrw'r draul

Defnydd cyfoes: Yr ystyr yw 'cyfrif cost' unrhyw brosiect.

Cyd-destun beiblaidd: Iesu yn annog unrhyw un sy'n ystyried dod yn ddisgybl iddo i feddwl yn ddwys am oblygiadau hynny cyn mentro. Dylem ystyried fod Iesu yn hawlio gwrogaeth absoliwt sy'n golygu rheolaeth dros bopeth a feddwn. Casgliad yr adran yn Luc 14 sy'n dechrau â'r anogaeth i 'fwrw'r draul' yw na all neb nad yw'n barod i ymwrthod 'â chymaint oll ag a feddo' fod yn ddisgybl i Iesu (Luc 14:33).

> **Luc 14:28**
> *Canys pwy ohonoch chwi â'i fryd ar adeiladu tŵr, nid eistedd yn gyntaf, a bwrw'r draul, a oes ganddo a'i gorffenno?*

◆ Bwyta bara seguryd

Defnydd cyfoes: Ymadrodd i ddisgrifio rhywun sy'n mwynhau cynhaliaeth heb wneud unrhyw ymdrech i'w sicrhau iddo ei hun trwy weithio.

Cyd-destun beiblaidd: Y disgrifiad o'r wraig rinweddol yn Diarhebion 31. Mae hon yn wraig eithriadol o weithgar sy'n sicrhau darpariaeth deilwng i'w thylwyth (ei theulu) trwy ei gwaith caled. Un peth pendant na ellir ei ddweud amdani yw ei bod yn bwyta 'bara seguryd', sef bwyd nad yw hi wedi gweithio amdano.

> **Diarhebion 31:27**
> *Hi a graffa ar ffyrdd tylwyth ei thŷ: ac ni fwyty hi fara seguryd.*

◆ Bwytewch, yfwch a byddwch lawen

Defnydd cyfoes: Anogaeth (eironig yn aml) i fwynhau pethau da y byd hwn tra gallwn.

Cyd-destun beiblaidd: Dameg y Ffŵl Cyfoethog. Pwrpas y stori hon yw dangos mor ffôl yw byw heb ystyried Duw a'r byd tragwyddol. Roedd bryd y ffŵl cyfoethog mor llwyr ar fwynhau ei gyfoeth yn y dyfodol nes iddo anghofio'n llwyr y gallai'r dyfodol hwnnw fod yn ansicr iawn. Daeth y wŷs iddo ymddangos gerbron Duw yn y byd a ddaw pan oedd yng nghanol breuddwydio am fwyta, yfed a bod yn llawen yn y byd hwn.

Luc 12:18–19
Ac efe a ddywedodd, Hyn a wnaf: Mi a dynnaf i lawr fy ysguboriau, ac a adeiladaf rai mwy; ac yno y casglaf fy holl ffrwythau, a'm da. A dywedaf wrth fy enaid, Fy enaid, y mae gennyt dda lawer wedi eu rhoi i gadw dros lawer o flynyddoedd: gorffwys, bwyta, yf, bydd lawen.

◆ Byth bythoedd

Defnydd cyfoes: I gyfleu, gyda'r pwyslais cryfaf posibl, fod sefyllfa arbennig yn mynd i barhau'n ddiderfyn.

Cyd-destun beiblaidd: Defnyddir yr ymadrodd yn y Beibl i ddisgrifio cyflwr gwlad neu bobl sydd dan gondemniad terfynol Duw (megis yn Eseia 34) neu bobl Dduw, ei 'saint', sydd wedi cael eu dyrchafu'n derfynol (megis yn Daniel 7).

Eseia 34:10
Nis diffoddir nos na dydd; ei mwg a ddring byth: o genhedlaeth i genhedlaeth y diffeithir hi; ni bydd cyniweirydd trwyddi byth bythoedd. (Ystyr 'cyniweirydd' yw 'tramwywr; un sy'n teithio yn ôl ac ymlaen'.)

Daniel 7:18
Eithr saint y Goruchaf a dderbyniant y frenhiniaeth, ac a feddiannant y frenhiniaeth hyd byth, a hyd byth bythoedd.

◆ Byw'n afradlon

Defnydd cyfoes: I ddisgrifio rhywun sy'n defnyddio adnoddau mewn ffordd wastraffus ac anghyfrifol, heb ystyried y canlyniadau posibl.

Cyd-destun beiblaidd: Dameg y Mab Afradlon. Yn y stori hon mae gan dad ddau fab. Cafodd yr ieuengaf hanner yr etifeddiaeth gan ei dad ac aeth i wlad bell lle y gwastraffodd y cyfan. Yn y diwedd penderfynodd fynd adref at ei dad a chafodd groeso mawr. Pwynt y stori yw dangos mor fawr yw cariad Duw at y rhai sy'n dod 'adref' ato'n edifeiriol. (Gweler hefyd y cofnod 'Mab afradlon'.)

Luc 15:13
Ac ar ôl ychydig ddyddiau y mab ieuangaf a gasglodd y cwbl ynghyd, ac a gymerth ei daith i wlad bell; ac yno efe a wasgarodd ei dda, gan fyw yn afradlon.

◆ Cadw llygad barcud

Defnydd cyfoes: Cadw golwg gofalus iawn ar rywun neu rywbeth. Aderyn prae yw barcud, sy'n nodedig am ei olwg miniog.

Cyd-destun beiblaidd: Y llwybr na all llygad yr aderyn mwyaf craff ei ddirnad yw llwybr doethineb: dim ond 'Duw sydd yn deall ei ffordd hi' (Job 28:23). Mae Ann Griffiths yn un o'i hemynau yn sôn am 'Ffordd na chenfydd llygad barcud/ Er ei bod fel hanner dydd.'

Job 28:7
*Y mae llwybr nid adnabu aderyn,
ac ni chanfu llygad barcud.*

◆ Cadw'r lamp i losgi

Defnydd cyfoes: Dal ati gydag unrhyw achos.

Cyd-destun beiblaidd: Y cyfarwyddiadau a roddwyd i Moses ynghylch cynnal addoliad y tabernacl. Y lamp dan sylw yw'r un â chwe changen – y *menora* – a oedd i'w goleuo'n feunyddiol.

Exodus 27:20
A gorchymyn dithau i feibion Israel ddwyn ohonynt atat bur olew yr olewydden coethedig, yn oleuni, i beri i'r lamp losgi yn wastad.

◆ Cael yn brin

Defnydd cyfoes: I ddisgrifio profiad neu sefyllfa lle y mae person wedi methu cyrraedd y nod neu'r safon ddisgwyliedig.

Cyd-destun beiblaidd: Hanes y llaw a ymddangosodd ac a ysgrifennodd ar y mur yn ystod gwledd fawr Belsassar ym Mabilon, pryd y beiddiwyd defnyddio llestri a gafodd eu dwyn o'r deml yn Jerwsalem. 'TECEL' oedd yr ail air a ysgrifennwyd ar y mur, a'r proffwyd Daniel a esboniodd ei ystyr i'r brenin. (Gweler hefyd y cofnod 'Ysgrifen ar y mur'.)

Daniel 5:27
*TECEL; Ti a bwyswyd yn y cloriannau,
ac a'th gaed yn brin.*

◆ Caffed amynedd ei pherffaith waith

Defnydd cyfoes: Anogaeth i ddal ati'n amyneddgar dan amgylchiadau anodd.

Cyd-destun beiblaidd: Roedd y Cristnogion a dderbyniodd lythyr Iago yn dioddef oblegid treialon megis erledigaeth. Anoga Iago hwy i ddal ati (i fod yn amyneddgar), oblegid dyna sut y byddant yn tyfu i aeddfedrwydd (i berffeithrwydd) fel Cristnogion.

> **Iago 1:3–4**
> Gan wybod fod profiad eich ffydd chwi yn gweithredu amynedd. Ond caffed amynedd ei pherffaith waith; fel y byddoch berffaith a chyfan, heb ddiffygio mewn dim.

◆ Calon-galed

Defnydd cyfoes: I ddisgrifio rhywun dideimlad a didrugaredd tuag at eraill.

Cyd-destun beiblaidd: Yn y Beibl defnyddir yr ymadrodd 'calon-galed' i ddisgrifio pobl ystyfnig sy'n gwrthod gwrando ar Dduw a phlygu i'w ewyllys.

> **Eseciel 3:7**
> Eto tŷ Israel ni fynnant wrando arnat ti; canys ni fynnant wrando arnaf fi: oblegid talgryfion a chaled galon ydynt hwy, holl dŷ Israel.

◆ Cannwyll llygad

Defnydd cyfoes: Wrth gyfeirio at rywun neu rywbeth sy'n werthfawr ac annwyl iawn (er enghraifft, plentyn yng ngolwg ei fam).

Cyd-destun beiblaidd: Yn Salm 17 mae Dafydd yn gweddïo y bydd Duw yn ei drin fel un sy'n werthfawr ac annwyl ganddo. Yn Llyfr y Diarhebion cawn ein hannog i ystyried cyfraith Duw fel peth gwerthfawr ac annwyl i ni.

> **Salm 17:8**
> *Cadw fi fel cannwyll llygad:*
> *cudd fi dan gysgod dy adenydd.*
> **Diarhebion 7:2**
> *Cadw fy ngorchmynion, a bydd fyw;*
> *a'm cyfraith fel cannwyll dy lygad.*

◆ Canu'n iach

Defnydd cyfoes: Dymuno'n dda wrth ffarwelio.

Cyd-destun beiblaidd: Yn yr ymadrodd hwn mae 'canu' yn gyfystyr â 'mynegi' neu 'ddatgan'. Felly ystyr 'canu'n iach' yw dymuno 'yn iach' i rywun wrth ymadael â hwy (cymharer y Saesneg, *farewell*). Roedd hwn yn gyfarchiad cyffredin yn yr Oesoedd Canol. Er enghraifft, yn ôl traddodiad, yn dilyn pregeth olaf Dewi Sant, wedi iddo annog ei wrandawyr i wneud 'y pethau bychain a glywsoch ac a welsoch gennyf i', fe ddywedodd wrthynt, 'Yn iach ichwi.' Yr un naws sydd i'r cyfarchiad 'Da boch.'

> **Actau 18:18**
> *Eithr Paul, wedi aros eto ddyddiau lawer, a ganodd yn iach i'r brodyr, ac a fordwyodd ymaith i Syria, a chydag ef Priscila ac Acwila.*

◆ Cario / dwyn croes

Defnydd cyfoes: Yn ffigurol bob amser; mae rhywun sy'n 'cario croes' yn cario baich trwm, megis anabledd neu afiechyd neu gyfrifoldeb dwys dros rywun neu rywbeth.

Cyd-destun beiblaidd: Yn ôl arferiad y cyfnod, cychwynnodd Iesu am Golgotha gan gario ar ei gefn briwedig ei hunan groesfar y croesbren y byddai'n cael ei groeshoelio arno. Ond ar y ffordd, yn ôl Mathew, Marc a Luc, gorfododd y milwyr ddyn o'r enw Simon o Cyrene i gario'r groes ar ei ran. Fodd bynnag, mae'r defnydd trosiadol a wnâi Iesu o 'godi croes' yn Luc 9:23 yn wahanol i'r ffordd y defnyddiwn ni'r ymadrodd 'cario croes'. Iddo ef golygai hynny'r alwad feunyddiol i hunanymwadu sy'n angenrheidiol i fod yn ddisgybl iddo.

> **Marc 15:21**
> *A hwy a gymellasant un Simon o Cyrene, yr hwn oedd yn myned heibio, wrth ddyfod o'r wlad, sef tad Alexander a Rwffus, i ddwyn ei groes ef.*
>
> **Luc 9:23**
> *Ac efe a ddywedodd wrth bawb, Os ewyllysia neb ddyfod ar fy ôl i, ymwaded ag ef ei hun, a choded ei groes beunydd, a dilyned fi.*

◆ Cleddyf daufiniog

Defnydd cyfoes: Cleddyf sy'n arbennig o finiog ac yn gallu torri i fwy nag un cyfeiriad am ei fod yn finiog ar ddwy ochr y llafn. O'r herwydd mae'r ymadrodd yn aml yn cael ei ddefnyddio'n drosiadol ar gyfer dadl sy'n gallu torri'r ddwy ffordd neu rywbeth sy'n gallu arwain at ganlyniadau gwrthgyferbyniol.

Cyd-destun beiblaidd: Yn yr enghraifft fwyaf adnabyddus

o'r ymadrodd yn y Beibl, yn y llythyr at yr Hebreaid, mae'n drosiad am air Duw, sy'n medru treiddio i ddyfnderoedd pob agwedd ar ein personoliaeth i gyflawni ei waith trawsffurfiol.

> **Hebreaid 4:12**
> *Canys bywiol yw gair Duw, a nerthol, a llymach nag un cleddyf daufiniog, ac yn cyrhaeddyd trwodd hyd wahaniad yr enaid a'r ysbryd, a'r cymalau a'r mêr; ac yn barnu meddyliau a bwriadau'r galon.*

◆ Cloffi rhwng dau feddwl

Defnydd cyfoes: Methu penderfynu p'un o ddau opsiwn i'w ddewis.

Cyd-destun beiblaidd: Yn ein bywyd beunyddiol gallwn gloffi rhwng dau ddewis dibwys, megis a ddylem fynd am dro ai peidio. Ond yn achos Eleias ar fynydd Carmel roedd y dewis a wynebai Israel yn hollol dyngedfennol: dilyn y Duw byw neu ddilyn y gau-dduw, Baal.

> **1 Brenhinoedd 18:21**
> *Ac Eleias a ddaeth at yr holl bobl, ac a ddywedodd, Pa hyd yr ydych chwi yn cloffi rhwng dau feddwl? os yr A*rglwydd *sydd D*duw*, ewch ar ei ôl ef; ond os Baal, ewch ar ei ôl yntau. A'r bobl nid atebasant iddo air.*

◆ Codi croes – gweler 'Cario / dwyn croes'

◆ Colli'r maes

Defnydd cyfoes: Colli mewn ymryson neu gystadleuaeth o unrhyw fath. Mae'n gyfystyr â 'colli'r dydd'.

Cyd-destun beiblaidd: Roedd Aaron wedi gwneud delw o lo aur i bobl Israel ei addoli tra oedd Moses ar fynydd Sinai. (Gweler y cofnod 'Addoli'r llo aur'.) Wrth i Moses a'i gynorthwyydd Josua nesu at y gwersyll clywent sŵn mawr yn dod oddi yno. Awgrym Josua oedd mai sŵn rhyfel a glywent, ond sŵn dathlu gwyllt a glywai Moses ac nid sŵn brwydro na galaru yn sgil colli brwydr.

> **Exodus 32:18**
> *Yntau a ddywedodd, Nid llais bloeddio am oruchafiaeth, ac nid llais gweiddi am golli'r maes; ond sŵn canu a glywaf fi.*

◆ Craig rhwystr – gweler 'Maen tramgwydd'

◆ Crogi telynau

Defnydd cyfoes: Rhoi'r gorau i ymarfer rhyw ddawn neu fedr, a hynny am reswm trist yn wreiddiol; ymhen amser daeth i olygu rhoi'r gorau i rywbeth am unrhyw reswm.

Cyd-destun beiblaidd: Yr Israeliaid yn y gaethglud ym Mabilon yn wylo wrth feddwl am ddinistr Seion (sef Jerwsalem). Gofynnodd y Babiloniaid iddynt ganu cân, ond crogi eu telynau ar y coed helyg oedd eu hymateb, am eu bod yn rhy drist i ganu.

> **Salm 137:1–2**
> *Wrth afonydd Babilon, yno yr eisteddasom, ac wylasom, pan feddyliasom am Seion. Ar yr helyg o'u mewn y crogasom ein telynau.*

◆ Cuddio dan lestr

Defnydd cyfoes: Esgeuluso neu guddio dawn arbennig, neu beidio â rhannu neges bwysig.

Cyd-destun beiblaidd: Y Bregeth ar y Mynydd, lle y dywed Iesu mai ei ddisgyblion yw 'goleuni'r byd' (Mathew 5:14), gan fynd ymlaen i bwysleisio ei bod yn bwysig iawn felly eu bod yn llewyrchu.

> **Mathew 5:14–16**
> *Chwi yw goleuni'r byd. Dinas a osodir ar fryn, ni ellir ei chuddio. Ac ni oleuant gannwyll, a'i dodi dan lestr, ond mewn canhwyllbren; a hi a oleua i bawb sydd yn y tŷ. Llewyrched felly eich goleuni gerbron dynion, fel y gwelont eich gweithredoedd da chwi, ac y gogoneddont eich Tad yr hwn sydd yn y nefoedd.*

◆ Cuddio lliaws o bechodau

Defnydd cyfoes: Defnyddio gorchudd o ryw fath i guddio brychau neu wendidau (er enghraifft, cot o baent i guddio brychau ar wal).

Cyd-destun beiblaidd: Mae'r defnydd cyffredin bellach yn bell iawn oddi wrth y cyd-destun gwreiddiol, lle y dywedir bod cariad yn cuddio lliaws o bechodau. Ond sut y gall cariad guddio pechodau? Un posibilrwydd yw bod cariad yn arwain at faddau troseddau a beiau ac felly yn eu 'cuddio', hynny yw yn eu rhoi 'allan o'r golwg'.

> **Iago 5:20**
> *Gwybydded, y bydd i'r hwn a drodd bechadur oddi wrth gyfeiliorni ei ffordd, gadw enaid rhag angau, a chuddio lliaws o bechodau.*

1 Pedr 4:8
Eithr o flaen pob peth, bydded gennych gariad helaeth tuag at eich gilydd: canys cariad a guddia liaws o bechodau.

◆ Cuddio talent

Defnydd cyfoes: Peidio â dangos neu arfer dawn arbennig.

Cyd-destun beiblaidd: Dameg Iesu am y Talentau. Yn y stori aeth dyn oddi cartref a rhoi darnau arian (talentau) i'w weision i'w defnyddio yn ei absenoldeb. Yn lle rhoi ei 'dalent' ar waith, fel y gwnaeth y gweision eraill, cuddiodd un o'r gweision ei ddarn arian yn y ddaear a chael ei feirniadu'r hallt am hynny gan y meistr pan ddychwelodd hwnnw. (Gweler hefyd y cofnod 'Da was'.)

Mathew 25:18
Ond yr hwn a dderbyniasai un [dalent], a aeth, ac a gloddiodd yn y ddaear, ac a guddiodd arian ei arglwydd.

◆ Cusan Jwdas

Defnydd cyfoes: Gweithred sy'n ymddangos yn gyfeillgar ond sydd mewn gwirionedd yn bwriadu drwg.

Cyd-destun beiblaidd: Gwyddai Jwdas fod Iesu a'i ddisgyblion wedi mynd i ardd Gethsemane ar ôl dathlu'r Pasg yn y Goruwchystafell. A hithau'n nos, arweiniodd ef filwyr yr archoffeiriad i'r ardd i arestio Iesu. I wneud yn siŵr y byddent yn arestio'r person cywir, dywedodd Jwdas wrthynt y byddai'n cyfarch Iesu â chusan.

Luc 22:47–48
Ac efe eto yn llefaru, wele dyrfa; a'r hwn a elwir Jwdas, un o'r deuddeg, oedd yn myned o'u blaen hwynt, ac a nesaodd at yr Iesu, i'w gusanu ef. A'r Iesu a ddywedodd wrtho, Jwdas, ai â chusan yr wyt ti yn bradychu Mab y dyn?

◆ Cwmwl tystion

Defnydd cyfoes: Nifer fawr o bobl yn gefnogol i rywun sy'n ymgymryd â thasg arbennig, neu yn gallu ysbrydoli neu symbylu trwy eu hesiampl.

Cyd-destun beiblaidd: Yr hyn sy'n blaenori'r geiriau o anogaeth yn Hebreaid 12:1 yw rhestr o rai o arwyr y ffydd yn yr Hen Destament. Cymherir hwy i dyrfa ('cwmwl') mewn stadiwm athletau yn cefnogi'r rhedwyr ar y trac. Mae disgrifio credinwyr fel 'tystion' yn nodweddiadol o'r Testament Newydd: maent yn dystion i Dduw ac i'r hyn a wnaeth ef yn eu bywydau. (Gweler hefyd y cofnod 'Rhedeg yr yrfa'.)

Hebreaid 12:1
Oblegid hynny ninnau hefyd, gan fod cymaint cwmwl o dystion wedi ei osod o'n hamgylch, gan roi heibio bob pwys, a'r pechod sydd barod i'n hamgylchu, trwy amynedd rhedwn yr yrfa a osodwyd o'n blaen ni.

◆ Cydio maes wrth faes

Defnydd cyfoes: Meddiannu mwy a mwy o'r adnoddau sydd eu hangen i gynhyrchu, a mwy a mwy o siâr farchnata'r cynnyrch, er budd llai o llai o bobl. Byddai 'cydio archfarchnad wrth archfarchnad' yn gyfieithiad cyfoes cymwys!

Cyd-destun beiblaidd: Roedd Duw wedi rhoi gwlad Canaan i'r Israeliaid gan eu gorchymyn i rannu'r tir yn deg rhwng teuluoedd y deuddeg llwyth. Roedd hefyd wedi rhoi deddf y Jiwbili iddynt (Leficitus 25), i sicrhau na fyddai'r un teulu yn colli eu tir yn barhaol. Yn amser y proffwyd Eseia roedd bwriad Duw yn cael ei anwybyddu'n gyffredinol gan y brenin a'r bobl gyfoethog o'i gwmpas, a oedd yn llwyddo i feddiannu mwy a mwy o dir a thrwy hynny orfodi mwy a mwy o bobl i fyw mewn tlodi. (Gweler hefyd y cofnod 'Jiwbili'.)

> **Eseia 5:8**
> *Gwae y rhai sydd yn cysylltu tŷ at dŷ, ac yn cydio maes wrth faes, hyd oni byddo eisiau lle, ac y trigoch chwi yn unig yng nghanol y tir.*

◆ Cyflawn o ddyddiau – gweler 'Llawn o ddyddiau'

◆ Cyfraith y Mediaid a'r Persiaid

Defnydd cyfoes: I ddisgrifio glynu'n ddiwyro wrth ymarferiad neu arferion traddodiadol, a'r rheini'n aml yn weddol ddibwys.

Cyd-destun beiblaidd: Hanes cynllwyn swyddogion Dareius, brenin y Mediaid a'r Persiaid, i gael gwared o'r proffwyd Daniel am eu bod yn genfigennus ohono. Llwyddasant i berswadio'r brenin i basio deddf y gwyddent y byddai Daniel yn ei thorri. Unwaith roedd y ddeddf yn ei lle gwyddent hefyd, yn ôl arfer y wlad, na allai'r brenin ei newid gan y byddai hynny'n tystio i ffaeledigrwydd y brenin a'i drefn gyfreithiol. Bu raid i Dareius daflu Daniel i ffau'r llewod yn gosb am dorri'r ddeddf, ond achubodd Duw ef. (Gweler hefyd y cofnod 'Yn ffau'r llewod'.)

Daniel 6:7–8
Holl raglawiaid y deyrnas, y swyddogion, a'r tywysogion, y cynghoriaid, a'r dugiaid, a ymgyngorasant am osod deddf frenhinol, a chadarnhau gorchymyn, fod bwrw i ffau y llewod pwy bynnag a archai arch gan un Duw na dyn dros ddeng niwrnod ar hugain, ond gennyt ti, O frenin. Yr awr hon, O frenin, sicrha y gorchymyn, a selia yr ysgrifen, fel nas newidier; yn ôl cyfraith y Mediaid a'r Persiaid, yr hon ni newidir. (Ystyr 'arch' yw 'cais, deisyfiad, gweddi'.)

◆ Cyhoeddi o bennau'r tai

Defnydd cyfoes: Rhoi gwybod yn agored am rywbeth, i bawb gael clywed.

Cyd-destun beiblaidd: Daw'r ymadrodd o ddisgrifiad Iesu o genhadaeth ei apostolion. Mae'n eu hannog i gyhoeddi'n agored yr hyn roedd ef wedi ei ddysgu iddynt yn breifat. Gan mai to fflat oedd gan y rhan fwyaf o dai Palesteina y pryd hynny, byddai mynd i ben to yn lle da i gyhoeddi rhywbeth er mwyn i bawb yn y cylch ei glywed. Dymuna Iesu i'w ddysgeidiaeth gael cyhoeddusrwydd llwyr a chwbl.

Mathew 10:27
Yr hyn yr ydwyf yn ei ddywedyd wrthych chwi yn y tywyllwch, dywedwch yn y goleuni: a'r hyn a glywch yn y glust, pregethwch ar bennau'r tai.

◆ Cymryd enw rhywun yn ofer

Defnydd cyfoes: Cyfeirio'n ysgafn, yn amharchus neu'n ddidaro at rywun, fel arfer yn eu habsenoldeb; gwneud sbort am ben rhywun neu eu beirniadu mewn sgwrs breifat neu yn gyhoeddus.

Cyd-destun beiblaidd: Y trydydd o'r Deg Gorchymyn, lle y mae'r ystyr yn llawer iawn mwy difrifol na'r defnydd cyffredin bellach. Mae enw Duw, sy'n adlewyrchu ei gymeriad, yn haeddu parchedig ofn.

> **Exodus 20:7**
> Na chymer enw yr ARGLWYDD dy DDUW yn ofer: canys nid dieuog gan yr ARGLWYDD yr hwn a gymero ei enw ef yn ofer.

◆ Cyn y dilyw

Defnydd cyfoes: I gyfleu rhywbeth a ddigwyddodd amser pell yn ôl, neu rywbeth hen ffasiwn.

Cyd-destun beiblaidd: Iesu yn Mathew 24 yn cymharu ymddygiad pobl yn y cyfnod cyn y dilyw â'r sefyllfa cyn ei Ail Ddyfodiad. Am hanes y dilyw yn amser Noa, gweler Genesis 7.

> **Mathew 24:38–39**
> Oblegid fel yr oeddynt yn y dyddiau ymlaen y dilyw yn bwyta ac yn yfed, yn priodi ac yn rhoi i briodas, hyd y dydd yr aeth Noe i mewn i'r arch, ac ni wybuant hyd oni ddaeth y dilyw, a'u cymryd hwy oll ymaith; felly hefyd y bydd dyfodiad Mab y dyn.

◆ Cynhyrfu'r dyfroedd

Defnydd cyfoes: Herio sefyllfa neu drefn neu farn a dderbynnir yn gyffredinol. Yn Ioan 5, roedd 'cynhyrfu'r dyfroedd' yn rhywbeth cadarnhaol, ond nid felly bob amser bellach o bell ffordd.

Cyd-destun beiblaidd: Yr hanes am Iesu'n iacháu dyn wrth bwll Bethesda (Bethsatha) yn Jerwsalem a fu'n anabl am 38 mlynedd. Roedd nifer mawr o gleifion yn casglu o gwmpas y pwll i ddisgwyl am i'r dŵr gael ei gynhyrfu. Dywedid mai'r cyntaf i'r pwll pan ddigwyddai hynny oedd â gobaith cael ei iacháu.

> **Ioan 5:7**
> *Y claf a atebodd iddo, Arglwydd, nid oes gennyf ddyn i'm bwrw i'r llyn, pan gynhyrfer y dwfr: ond tra fyddwyf fi yn dyfod, arall a ddisgyn o'm blaen i.*

◆ Cynnal breichiau

Defnydd cyfoes: Cefnogi rhywun arall yn ffyddlon.

Cyd-destun beiblaidd: Brwydr yr Israeliaid dan arweiniad Josua yn erbyn yr Amaleciaid yn ystod eu taith trwy'r anialwch. Aeth Moses â gwialen Duw i fan uchel lle y gallai weld y frwydr. Tra oedd Moses yn codi ei law â'r wialen ynddi roedd Israel yn ennill y frwydr, ond pan ostyngai ei law oblegid blinder roedd Amalec yn ennill. I wneud yn siŵr bod Moses yn cadw'r wialen i fyny, parodd Aaron a Hur iddo eistedd ac yna cynaliasant hwy ei freichiau (hynny yw, eu dal i fyny) nes bod y fuddugoliaeth wedi ei sicrhau.

> **Exodus 17:12**
> *A dwylo Moses oedd drymion; a hwy a gymerasant faen, ac a'i gosodasant dano ef; ac efe a eisteddodd arno: ac Aaron a Hur a gynaliasant ei ddwylo ef, un ar y naill du, a'r llall ar y tu arall; felly y bu ei ddwylo ef sythion nes machludo yr haul.*

◆ Cyrchu at y nod

Defnydd cyfoes: Ymdrechu i gyrraedd targed penodol.

Cyd-destun beiblaidd: Byddai'r rhai a ddaeth i gredu trwy weinidogaeth yr apostol Paul yn meddwl yn uchel iawn ohono, ond mae Paul yn eu sicrhau ei fod ef, fel hwythau, yn dal yn y ras, yn anelu at y llinell derfyn – sef cyrchu at y nod – ac nad yw eto wedi derbyn ei wobr. Tra byddwn yn y byd hwn, mae'n rhaid i ni ymdrechu'n galed yn erbyn y byd, y cnawd a'r diafol; dim ond yn y byd a ddaw y byddwn yn cael mwynhau'n llwyr ein bywyd helaethach yng Nghrist. (Gweler hefyd y cofnod 'Rhedeg yr yrfa'.)

> **Philipiaid 3:13–14**
> Y brodyr, nid wyf fi yn bwrw ddarfod i mi gael gafael: ond un peth, gan anghofio'r pethau sydd o'r tu cefn, ac ymestyn at y pethau o'r tu blaen, yr ydwyf yn cyrchu at y nod, am gamp uchel alwedigaeth Duw yng Nghrist Iesu.

◆ Cysegr sancteiddiolaf

Defnydd cyfoes: I gyfeirio at ryw le arbennig neu neilltuedig nad oes modd cael mynediad rhwydd iddo (yn aml yn eironig neu yn gellweirus).

Cyd-destun beiblaidd: Y lle mwyaf sanctaidd ym mhrif fan addoli'r Iddewon, sef y tabernacl (neu babell y cyfarfod) yn ystod eu taith trwy'r anialwch, ac wedyn y deml yng Ngwlad yr Addewid. Yn y fan honno y cedwid Arch y Cyfamod, a dim ond yr archoffeiriad a gâi fynediad i'r lle, a hynny unwaith y flwyddyn yn unig. Wrth i Grist farw rhwygwyd y llen a wahanodd y cysegr a'r cysegr sancteiddiolaf yn ddau, o'r pen i'r gwaelod (Mathew 27:51). Mae Hebreaid 9 yn portreadu

Crist fel Archoffeiriad yn mynd 'unwaith i mewn i'r cysegr gan gael i ni dragwyddol ryddhad' (Hebreaid 9:12).

> **Hebreaid 9:2–3**
> *Canys yr oedd tabernacl wedi ei wneuthur; y cyntaf, yn yr hwn yr oedd y canhwyllbren, a'r bwrdd, a'r bara gosod; yr hwn dabernacl a elwid, Y cysegr. Ac yn ôl yr ail len, yr oedd y babell, yr hon a elwid, Y cysegr sancteiddiolaf.*

◆ Cysurwr Job

Defnydd cyfoes: Rhywun sy'n ceisio cynnig cysur i rywun sy'n dioddef ond sydd, trwy ei eiriau, yn gwneud pethau'n waeth i'r dioddefwr.

Cyd-destun beiblaidd: Hanes y tri chyfaill a ddaeth i gysuro Job yn ei ddioddefaint dwys. Dechreusant yn dda trwy eistedd gyda Job am saith niwrnod heb ddweud dim. Ond pan ddechreusant siarad, y cyfan a wnaethant oedd cyhuddo Job o bechu. Credent ei fod yn cael ei gosbi am ei bechod ac mai edifeirwch oedd ei unig obaith. Gan nad oedd hynny'n wir, y cyfan a wnaethant mewn gwirionedd oedd ychwanegu at ei boen.

> **Job 2:11**
> *A phan glybu tri chyfaill Job yr holl ddrwg yma a ddigwyddasai iddo ef, hwy a ddaethant bob un o'i fangre ei hun; Eliffas y Temaniad, a Bildad y Suhiad, a Soffar y Naamathiad: canys hwy a gytunasent i ddyfod i gydofidio ag ef, ac i'w gysuro.* (Ystyr 'clybu' yw 'clywodd'.)
>
> **Job 16:1–2**
> *A Job a atebodd ac a ddywedodd, Clywais lawer o'r fath hyn: cysurwyr gofidus ydych chwi oll.*

◆ Chwythu bygythion

Defnydd cyfoes: Bygwth niwed i rywun neu rywrai. Ar y cyfan mae'r ymadrodd wedi colli erbyn hyn yr elfen ymosodol sydd yn y Beibl, a defnyddir ef am niwed mwy cyffredinol megis darogan trychineb neu wae.

Cyd-destun beiblaidd: Roedd Saul (sef enw arall ar Paul) o ddifrif yn bygwth marwolaeth i ddisgyblion yr Arglwydd Iesu, a hynny â chaniatâd a chefnogaeth yr archoffeiriad yn Jerwsalem.

> **Actau 9:1–2**
> *A Saul eto yn chwythu bygythiau a chelanedd yn erbyn disgyblion yr Arglwydd, a aeth at yr archoffeiriad, ac a ddeisyfodd ganddo lythyrau i Ddamascus, at y synagogau; fel os câi neb o'r ffordd hon, na gwŷr na gwragedd, y gallai eu dwyn hwy yn rhwym i Jerwsalem.*
> (Ystyr 'celanedd' yw 'cyrff meirw'.)

◆ Da was

Defnydd cyfoes: Canmoliaeth, weithiau mewn ffordd ddireidus.

Cyd-destun beiblaidd: O'r ymadrodd, 'Da, was da a ffyddlon' yn Nameg y Talentau yn Mathew 25. (Gweler y cofnod 'Cuddio talent'.) Dyma eiriau'r meistr wrth ei weision a ddefnyddiodd eu talentau mewn ffordd fuddiol yn ystod ei absenoldeb.

> **Mathew 25:21**
> *A dywedodd ei arglwydd wrtho, Da, was da a ffyddlon: buost ffyddlon ar ychydig, mi a'th osodaf ar lawer: dos i mewn i lawenydd dy arglwydd.*

◆ Dafydd a Goleiath

Defnydd cyfoes: I gyferbynnu dau beth anghyfartal o ran eu maintioli, neu i gyfleu adnoddau anghyfartal, ond lle y mae'r lleiaf, neu'r gwanaf, yn rhagori neu yn trechu.

Cyd-destun beiblaidd: Dafydd, a oedd yn fugail ifanc, yn gorchfygu y cawr o Philistiad, Goleiath o Gath. Mewn cyfnod o ryfela rhwng yr Israeliaid a'r Philistiaid, aeth Dafydd, yr ieuengaf o feibion Jesse, a oedd yn bugeilio defaid ei dad yn Bethlehem, â bwyd at ei frodyr a oedd yn ymladd yn erbyn y Philistiaid. Roedd Goleiath yn herio'r Israeliaid i ddod i ymladd yn ei erbyn, a phawb ohonynt yn ei ofni, ond dyma Dafydd yn mentro yn ei erbyn gyda'i ffon dafl. Fe'i dirmygwyd gan y cawr am ei fod yn llanc diamddiffyn, ond lladdodd Dafydd ef ag ergyd un garreg i'w dalcen o'i ffon dafl.

> **1 Samuel 17:45**
> *Yna y dywedodd Dafydd wrth y Philistiad, Ti ydwyt yn dyfod ataf fi â chleddyf, ac â gwaywffon, ac â tharian; a minnau ydwyf yn dyfod atat ti yn enw ARGLWYDD y lluoedd, DUW byddinoedd Israel, yr hwn a geblaist ti.*

◆ (Y) Dall yn tywys y dall

Defnydd cyfoes: Rhywun nad yw'n gwybod am beth mae'n siarad yn rhoi cyfarwyddyd i rywun arall sydd yr un mor anwybodus am y mater dan sylw.

Cyd-destun beiblaidd: Gwrthdrawiad Iesu â'r Phariseaid ac arbenigwyr y gyfraith yn Jerwsalem. Dadl Iesu yw eu bod yn canolbwyntio ar gadw defodau (megis golchi dwylo yn y ffordd iawn cyn bwyta) i'r fath raddau nes eu bod yn methu gwerthfawrogi gwir ystyr y gyfraith. I Iesu mae a wnelo'r gyfraith â pherthynas iawn â Duw a chymydog, yn deillio o agwedd calon gywir. Pan ddywedodd y disgyblion wrth Iesu fod ei eiriau wedi tramgwyddo'r Phariseaid, ei ateb oedd mai deillion oeddynt, yn arwain deillion i drychineb.

> **Mathew 15:14**
> *Gadewch iddynt: tywysogion deillion i'r deillion ydynt. Ac os y dall a dywys y dall, y ddau a syrthiant yn y ffos.*

◆ Dan adain

Defnydd cyfoes: Pan fydd rhywun yn cynorthwyo rhywun arall, iau neu lai profiadol fel arfer, i wireddu eu potensial. Mae 'mentora' yn cyfleu rhywbeth o'r ystyr.

Cyd-destun beiblaidd: Defnyddir yr ymadrodd nifer o weithiau yn y Salmau i ddisgrifio'r lloches rhag drwg y mae Duw'n ei rhoi i gredinwyr; gweler Salm 17:8, 36:7, 57:1, 61:4, 63:7, 91:4. Mae Iesu'n defnyddio'r darlun cartrefol o iâr yn casglu ei chywion dan ei hadenydd i gyfleu ei hiraeth am gadw Jerwsalem yn ddiogel rhag ymosodiad gelynion.

> **Mathew 23:37**
> *Jerwsalem, Jerwsalem, yr hon wyt yn lladd y proffwydi, ac yn llabyddio'r rhai a ddanfonir atat, pa sawl gwaith y mynaswn gasglu dy blant ynghyd, megis y casgl iâr ei chywion dan ei hadenydd, ac nis mynnech!*

◆ Dan ganu / tan ganu

Defnydd cyfoes: Bod yn hapus wrth wneud unrhyw dasg, sydd yn ei dro yn gwneud cyflawni'r dasg yn haws.

Cyd-destun beiblaidd: Adran olaf proffwydoliaeth Seffaneia, lle y mae'n proffwydo y bydd yr Iddewon yn dychwelyd i Jerwsalem o'r gaethglud ym Mabilon â llawenydd mawr. Ond, fel yn achos yr holl broffwydi, mae gan Seffaneia orwel pellach na dychweliad llythrennol yr Iddewon i Jerwsalem. Dim ond dyfodiad ac Ail Ddyfodiad y Meseia, Iesu, a all beri llawenydd mor fawr ag y mae Seffaneia'n ei ragweld. Dim ond dyfodiad y Meseia sy'n sicrhau achubiaeth mor fawr fel bod Duw ei hunan yn ymbresenoli gyda'i bobl i'r fath raddau nes y bydd yn llawenhau yn ei bobl 'dan ganu'. Ceir enghreifftiau eraill o'r ymadrodd yn 1 Samuel 18:6 a Salm 132:16.

> **Seffaneia 3:17**
> *Yr Arglwydd dy Dduw yn dy ganol di sydd gadarn: efe a achub, efe a lawenycha o'th blegid gan lawenydd; efe a lonydda yn ei gariad, efe a ymddigrifa ynot dan ganu.*

◆ Dan yr iau

Defnydd cyfoes: Y cyflwr o fod dan reolaeth neu awdurdod person arall.

Cyd-destun beiblaidd: Iau yw'r gair am y pren a roddir ar war dau anifail i'w cael i gydweithio wrth dynnu aradr neu lwyth arall. Gall 'bod dan yr iau' olygu bod dan orthrwm, megis yng nghwyn y bobl i'r brenin Rehoboam am drethi Solomon, ei dad, yn 1 Brenhinoedd 12. Fodd bynnag, mae Iesu yn ein gwahodd i gydnabod ei awdurdod dros ein bywyd, gan ein sicrhau na fydd ei iau ef yn ein gorthrymu – i'r gwrthwyneb mae derbyn ei awdurdod ef yn golygu colli baich ein pechod a dechrau bywyd yn ei gyflawnder. (Gweler hefyd y cofnod 'Ieuo'n anghymarus'.)

1 Brenhinoedd 12:4
Dy dad di a wnaeth ein hiau ni yn drom.
Galarnad Jeremeia 3:27
Da yw i ŵr ddwyn yr iau yn ei ieuenctid.
Mathew 11:28–30
Deuwch ataf fi bawb a'r y sydd yn flinderog ac yn llwythog, a mi a esmwythâf arnoch. Cymerwch fy iau arnoch, a dysgwch gennyf; canys addfwyn ydwyf, a gostyngedig o galon: a chwi a gewch orffwystra i'ch eneidiau: canys fy iau sydd esmwyth, a'm baich sydd ysgafn.

◆ **Darfu amdanaf** – gweler 'Ar ddarfod'

◆ **Dauddyblyg ei feddwl**

Defnydd cyfoes: I gyfeirio at rywun amhenderfynol neu dwyllodrus. (Ystyr llythrennol 'dauddyblyg' yw 'wedi ei blygu ddwywaith'.)

Cyd-destun beiblaidd: Yn Salm 12:2 defnyddir 'dauddyblyg' i gyfeirio'n negyddol at rywun sy'n siarad 'â gwefus wenieithgar, ac â chalon ddauddyblyg'. Yn 1 Timotheus 5:17 defnyddir 'dauddyblyg' i gyfeirio at rywun sydd 'yn deilwng o barch dauddyblyg'. Ond mae ein defnydd cyfoes fel arfer yn debyg i'r hyn a geir yn yr adnod isod, sy'n cyfeirio at rywun anwadal.

Iago 1:8
Gŵr dauddyblyg ei feddwl sydd anwastad yn ei holl ffyrdd.

◆ Dedwydd yw rhoddi yn hytrach na derbyn

Defnydd cyfoes: Fel dihareb yn aml.

Cyd-destun beiblaidd: Daw'r ymadrodd o sgwrs yr apostol Paul â henuriaid eglwys Effesus mewn lle o'r enw Miletus, tua 40 milltir o Effesus. Ynddi mae'n dyfynnu'r ymadrodd fel un o rai'r Arglwydd Iesu. Nid yw'r ymadrodd yn digwydd yn yr un o'r Efengylau, ond mae'n hollol gyson â dysgeidiaeth Iesu.

> **Actau 20:35**
> *Mi a ddangosais i chwi bob peth, mai wrth lafurio felly y mae yn rhaid cynorthwyo'r gweiniaid; a chofio geiriau yr Arglwydd Iesu, ddywedyd ohono ef, mai Dedwydd yw rhoddi yn hytrach na derbyn.*

◆ Degymu'r mintys a'r cwmin

Defnydd cyfoes: Wrth gyfeirio (yn negyddol) at berson sy'n gwneud môr a mynydd o ryw fanion, gan esgeuluso'r pethau gwirioneddol bwysig.

Cyd-destun beiblaidd: Roedd Duw wedi gorchymyn yr Israeliaid i ddegymu eu hincwm (sef rhoi 10% ohono) er mwyn cynnal y Lefiaid a'r offeiriaid. Ond roedd yr ysgrifenyddion – yr arbenigwyr yn y gyfraith – wedi deddfu bod hyn yn golygu degymu mân bethau fel perlysiau hyd yn oed. Wrth ganolbwyntio ar liaws o fân reolau fel hyn, roedd yr ysgrifenyddion a'r Phariseaid yn esgeuluso'r pethau pwysig yng nghyfraith Duw, sef cyfiawnder, trugaredd a ffydd neu ffyddlondeb. (Gweler hefyd y cofnod 'Hidlo gwybedyn a llyncu camel'.)

> **Mathew 23:23**
> *Gwae chwi, ysgrifenyddion a Phariseaid, ragrithwyr!*

canys yr ydych yn degymu'r mintys, a'r anis, a'r cwmin, ac a adawsoch heibio y pethau trymach o'r gyfraith, barn, a thrugaredd, a ffydd: rhaid oedd gwneuthur y pethau hyn, ac na adewid y lleill heibio.

◆ Derbyn wyneb

Defnydd cyfoes: Yn ei gyfrol *Y Gair yn ei Bryd* mae Huw Jones yn diffinio 'derbyn wyneb' fel 'ffafrio rhywun … yn rhinwedd ei gyfoeth neu ei statws, yn hytrach nag yn rhinwedd ei deilyngdod neu ei haeddiant'. Fe'i defnyddir yn aml yn ei ffurf negyddol, 'di-dderbyn-wyneb', sy'n golygu 'ymddwyn tuag at bawb yn ddiduedd'.

Cyd-destun beiblaidd: Daw'r adnod isod o Lyfr Deuteronomium, o adran lle y mae Moses yn annog Israel i 'ofni yr ARGLWYDD dy DDUW, a rhodio yn ei holl ffyrdd, a'i garu ef, a gwasanaethu yr ARGLWYDD dy DDUW â'th holl galon, ac â'th holl enaid' (Deuteronomium 10:12). Yna mae'n disgrifio pwy yw Duw yn adnodau 14 a 17. Yn adnod 14 mae'n pwysleisio mai Duw yw Crëwr a pherchen y bydysawd, ac yn adnod 17 pwysleisia fawredd Duw a'r ffaith ei fod yn trin pawb yn hollol deg.

Deuteronomium 10:17
Canys yr ARGLWYDD eich DUW chwi yw DUW y duwiau, ac Arglwydd yr arglwyddi, DUW mawr, cadarn, ac ofnadwy, yr hwn ni dderbyn wyneb, ac ni chymer wobr.

◆ Didoli'r defaid oddi wrth y geifr

Defnydd cyfoes: Rhannu grŵp o bobl yn ôl eu haeddiant neu ar sail eu perfformiad mewn tasg(au) arbennig.

Cyd-destun beiblaidd: Dysgeidiaeth Iesu yn Mathew 25:31–46. Mae rhai yn dadlau mai dameg hir yw'r adran, ond dywed eraill mai dysgeidiaeth blaen am y farn derfynol ar ein bywyd ydyw. Y naill ffordd neu'r llall mae Iesu'n cyflwyno darlun heriol iawn o'r farn. Yma, fel mewn mannau eraill (er enghraifft, Mathew 16:27; Rhufeiniaid 2:6; 2 Corinthiaid 5:10), gwelwn Iesu yn barnu ar sail gweithredoedd; ond nid yw hyn yn groes i ddysgeidiaeth gyffredinol y Beibl mai trwy ras y cawn ein hachub.

> **Mathew 25:31–32**
> *A Mab y dyn, pan ddêl yn ei ogoniant, a'r holl angylion sanctaidd gydag ef, yna yr eistedd ar orseddfainc ei ogoniant. A chydgesglir ger ei fron ef yr holl genhedloedd: ac efe a'u didola hwynt oddi wrth ei gilydd, megis y didola'r bugail y defaid oddi wrth y geifr.*

◆ Digon i'r diwrnod ei ddrwg ei hun

Defnydd cyfoes: Anogaeth i beidio â meddwl am y problemau a allai godi yn y dyfodol, ond i ganolbwyntio ar y presennol.

Cyd-destun beiblaidd: Yr adran o'r Bregeth ar y Mynydd lle y mae Iesu'n annog ei ddisgyblion i beidio â phryderu (Mathew 6:25–34) – wedi'r cyfan roeddent wedi gadael popeth i'w ddilyn ef. Mae Iesu'n eu sicrhau y bydd Duw'n gofalu amdanynt am eu bod yn llawer mwy gwerthfawr na phlanhigion ac adar, sydd hefyd yng ngofal Duw. Y peth pwysig i'r disgyblion – ac i ninnau – yw canolbwyntio ar deyrnas Dduw. Os gwnawn hyn, fe ofala Duw am ein hanghenion a gallwn ni adael i yfory ofalu am 'ei bethau ei hun'. (Gweler hefyd y cofnod 'Ychwanegu at faintioli'.)

> **Mathew 6:34**
> *Na ofelwch gan hynny dros drannoeth: canys trannoeth a ofala am ei bethau ei hun. Digon i'r diwrnod ei ddrwg ei hun.*

◆ Dim heddwch i'r annuwiol

Defnydd cyfoes: I fynegi rhwystredigaeth gydag amgylchiadau neu ofynion sy'n torri ar draws ac yn cadw rhywun rhag bwrw ymlaen â pha dasg bynnag y mae am ei chyflawni. Yn aml mae'n digwydd fel ebychiad lled ysgafn.

Cyd-destun beiblaidd: Daw'r geirau o adran ddifrifol ym mhroffwydoliaeth Eseia lle y mae'n gwrthgyferbynnu cyflwr y duwiol a'r annuwiol. Mae Duw yn gofalu am y duwiol ac yn rhoi heddwch iddynt – heddwch â Duw sy'n parhau am byth (Eseia 57:19). Ar y llaw arall ni bydd yr annuwiol yn profi heddwch; mae eu gelyniaeth tuag at Dduw yn golygu bod eu haflonyddwch mewnol (fel dygyfor y môr) yn esgor ar bob math o ddrygioni. Ni bydd heddwch yn bosibl iddynt yn y byd hwn nac yn y byd a ddaw. (Ystyr 'dygyfor' yw 'codi'n donnau, ymchwydd'.)

> **Eseia 57:20–21**
> *Ond y rhai anwir sydd fel y môr yn dygyfor, pan na allo fod yn llonydd, yr hwn y mae ei ddyfroedd yn bwrw allan dom a llaid. Ni bydd heddwch, medd fy Nuw, i'r rhai annuwiol.*

◆ Dincod ar ddannedd y plant

Defnydd cyfoes: Y boen y bydd plant yn ei dioddef oblegid pechod neu gamgymeriadau eu rhieni.

Cyd-destun beiblaidd: Dincod (deincod) yw'r boen neu'r anghysur yn y dannedd o fwyta rhywbeth sur. Defnyddid yr ymadrodd hwn gan yr Israeliaid a gafodd eu caethgludo i Fabilon i ddisgrifio eu dioddefaint a'u hanghysur yno: roeddent hwy yn dioddef alltudiaeth oblegid pechod eu tadau a'u cyn-dadau. Ond daeth yr awr, meddai Jeremeia, i beidio â rhoi'r bai ar eu tadau ac i gymryd y cyfrifoldeb am eu hanwireddau a'u pechodau eu hunain.

> **Jeremeia 31:29–30**
> *Yn y dyddiau hynny ni ddywedant mwyach, Y tadau a fwytasant rawnwin surion, ac ar ddannedd y plant y mae dincod. Ond pob un a fydd farw yn ei anwiredd ei hun: pob un a'r a fwytao rawnwin surion, ar ei ddannedd ef y bydd dincod.*

◆ **Diod gadarn**

Defnydd cyfoes: Unrhyw ddiod alcoholig.

Cyd-destun beiblaidd: Roedd diod gadarn yn waharddedig i rai unigolion yn y Beibl, er enghraifft yr offeiriad a oedd yn gwasanaethu wrth yr allor (Lefiticus 10:9) a Samson y barnwr (Barnwyr 13:3–7). Yn yr adnod isod mae Duw yn gosod Ioan Fedyddiwr yn yr un traddodiad.

> **Luc 1:15**
> *Canys mawr fydd efe yng ngolwg yr Arglwydd, ac nid yf na gwin na diod gadarn; ac efe a gyflawnir o'r Ysbryd Glân, ie, o groth ei fam.*

◆ Disgyblion y torthau

Defnydd cyfoes: Rhai sy'n gwneud rhywbeth er eu mantais eu hunain yn unig.

Cyd-destun beiblaidd: Nid yw'r union ymadrodd yn digwydd yn y Beibl, ond fe'i lluniwyd ar sail ymateb Iesu i rai o'r bobl a oedd wedi ei ddilyn yn sgil ei wyrth yn bwydo mwy na phum mil o bobl gyda phum torth haidd a dau bysgodyn bach. Cyfieithiad beibl.net o'r ymadrodd 'nid oherwydd i chwi weled y gwyrthiau' yn yr adnod isod yw 'dim am eich bod wedi deall arwyddocâd y wyrth'.

> **Ioan 6:26**
> *Yr Iesu a atebodd iddynt, ac a ddywedodd, Yn wir, yn wir, meddaf i chwi, Yr ydych chwi yn fy ngheisio i, nid oherwydd i chwi weled y gwyrthiau, eithr oherwydd i chwi fwyta o'r torthau, a'ch digoni.*

◆ Dod ato ei hun

Defnydd cyfoes: Person sy'n dod i'w iawn synnwyr, neu'n deffro ar ôl llewygu neu gysgu'n drwm iawn.

Cyd-destun beiblaidd: Defnyddir yr ymadrodd ddwywaith yn y Testament Newydd. Yn Nameg y Mab Afradlon, ar ôl iddo wario'r cwbl oedd ganddo ar fyw'n wyllt, cafodd y mab ei hun yn bwydo moch ac yn newynog. Dyma pryd y daeth ato ei hun, sef sylweddoli ei fod mewn gwirionedd yn fab i dad hael a chariadus ac y gallai fentro mynd adref mewn ysbryd edifeiriol (Luc 15:17–19). (Gweler hefyd y cofnod 'Mab afradlon'.) Digwydd yr ymadrodd yr ail dro wrth ddisgrifio profiad rhyfeddol yr apostol Pedr yn cael ei ryddhau o'r carchar (Actau 12:11). Roedd Pedr yn meddwl mai breuddwydio yr oedd, ond pan oedd 'wedi dyfod ato ei hun' sylweddolodd ei fod wedi cael ei ryddhau o ddifrif.

> **Luc 15:17**
> *A phan ddaeth ato ei hun, efe a ddywedodd, Pa sawl gwas cyflog o'r eiddo fy nhad sydd yn cael eu gwala a'u gweddill o fara, a minnau yn marw o newyn?* (Ystyr 'gwala a gweddill' yw 'mwy na digon'.)

◆ Does dim newydd dan yr haul

Defnydd cyfoes: I gyfleu bod hanes yn ei ailadrodd ei hun, weithiau mewn ysbryd eironig.

Cyd-destun beiblaidd: Mae'r ymadrodd yn digwydd unwaith yn unig yn y Beibl, yn Llyfr y Pregethwr. Mae'r cyd-destun yno'n negyddol iawn: beth yw diben ceisio cyflawni unrhyw beth arwyddocaol mewn bywyd gan fod rhywrai yn y gorffennol eisoes wedi gwneud hynny – a phawb wedi anghofio am eu hymdrech.

> **Pregethwr 1:9**
> *Y peth a fu, a fydd; a'r peth a wnaed, a wneir: ac nid oes dim newydd dan yr haul.*

◆ Doethineb Solomon

Defnydd cyfoes: I ddisgrifio rhywun doeth iawn.

Cyd-destun beiblaidd: Doethineb diarhebol y brenin Solomon yn yr Hen Destament. Gweler 1 Brenhinoedd, penodau 3 a 4.

Luc 11:31
Brenhines y deau a gyfyd yn y farn gyda gwŷr y genhedlaeth hon, ac a'u condemnia hwynt; am iddi hi ddyfod o eithafoedd y ddaear i wrando doethineb Solomon: ac wele un mwy na Solomon yma [sef Iesu].

◆ Draenen yn yr ystlys

Defnydd cyfoes: Peth sy'n flinder neu'n boendod parhaus.

Cyd-destun beiblaidd: Israel yn meddiannu Gwlad yr Addewid. Rhybuddiodd Duw hwy i yrru'r Canaaneaid o'r tir yn llwyr; o beidio â gwneud hynny, byddai perygl parhaus i'r Israeliaid gyfaddawdu a mabwysiadu rhai o'u harferion crefyddol annuwiol. Gwaetha'r modd, nid ufuddhaodd yr Israeliaid, a bu'r Canaaneaid yn ddrain yn eu hystlysau (Barnwyr 2:3). (Ystyr 'ystlys' yw 'ochr y corff'.)

> **Numeri 33:55**
> *Ac oni yrrwch ymaith breswylwyr y tir o'ch blaen; yna y bydd y rhai a weddillwch ohonynt yn gethri yn eich llygaid, ac yn ddrain yn eich ystlysau, a blinant chwi yn y tir y trigwch ynddo.* (Ystyr 'cethri' yw 'pigau'.)

◆ Drwy groen fy nannedd

Defnydd cyfoes: Llwyddo i wneud rhywbeth o drwch blewyn; dim ond cael a chael.

Cyd-destun beiblaidd: Mae hwn yn ymadrodd anodd yn yr Hebraeg oblegid nid oes croen ar ddannedd. Ond mae'r ystyr yn glir serch hynny. Pwysleisio a wna Job mai dim ond cael a chael a wnaeth i ddianc â'i fywyd.

Job 19:20
Fy esgyrn a lynodd wrth fy nghroen, ac wrth fy nghnawd; ac â chroen fy nannedd y dihengais.

◆ (Y) Dwthwn hwn

Defnydd cyfoes: Diwrnod neu adeg benodol yw'r ystyr. Fe'i defnyddir yn fwyaf cyffredin bellach i adleisio ymadrodd gan R. Williams Parry yn ei soned 'Adref': 'Ac ni bu dwthwn fel y dwthwn hwn.'

Cyd-destun beiblaidd: Digwydd yr ymadrodd 'y dwthwn hwnnw' droeon ym 'Meibl William Morgan', ond dywed Huw Jones yn ei gyfrol *Y Gair yn ei Bryd* mai'r enghraifft fwyaf adnabyddus o'r ymadrodd yn y Beibl yw'r un yn Luc 23:12.

Luc 23:12
A'r dwthwn hwnnw yr aeth Peilat a Herod yn gyfeillion: canys yr oeddynt o'r blaen mewn gelyniaeth â'i gilydd.

◆ Dydd blin

Defnydd cyfoes: Ystyr 'blin' yn y cyd-destun hwn yw 'annymunol, diflas, poenus, trafferthus'.

Cyd-destun beiblaidd: Dywed Huw Jones yn ei gyfrol *Y Gair yn ei Bryd* fod hwn yn 'un o ymadroddion y Beibl am ddydd trallod neu ddydd adfyd'. Awgryma mai'r enghraifft fwyaf cyfarwydd o'r ymadrodd yw honno yn Salm 27:5.

Salm 27:5
Canys yn y dydd blin y'm cuddia o fewn ei babell: yn nirgelfa ei babell y'm cuddia; ar graig y'm cyfyd i.

◆ Dydd o lawen chwedl

Defnydd cyfoes: Diwrnod hapus iawn yn sgil derbyn newyddion da.

Cyd-destun beiblaidd: Hanes y pedwar dyn gwahanglwyfus a aeth i wersyll y Syriaid a oedd yn gwarchae ar Samaria yn ystod teyrnasiad Jehoram pan oedd Eliseus y proffwyd yn anterth ei nerth. Pan aeth y gwahangleifion i mewn i'r gwersyll, gwelsant fod y Syriaid wedi ffoi yn ystod y nos gan adael popeth ar eu hôl. Wrth fwyta ac yfed dwysbigwyd cydwybod y cleifion ynghylch y bobl a oedd yn newynu yn y ddinas oblegid y gwarchae. Roedd yn 'ddydd llawen-chwedl' ac felly aethant at borth y ddinas i gyhoeddi'r newyddion da. (Gweler hefyd y cofnod 'Tewi â sôn'.)

> **2 Brenhinoedd 7:9**
> *Yna y dywedodd y naill wrth y llall, Nid ydym ni yn gwneuthur yn iawn; y dydd hwn sydd ddydd llawen chwedl, ac yr ydym ni yn tewi â sôn; os arhoswn ni hyd oleuni y bore, rhyw ddrwg a ddigwydd i ni: deuwch gan hynny yn awr, ac awn fel y mynegom i dŷ y brenin.*

◆ Dydd y pethau bychain

Defnydd cyfoes: Mae bron pob ymdrech i sefydlu unrhyw beth yn dechrau gyda 'phethau bychain'; ond heb y dechrau bychan hwnnw ni all dim dyfu'n fawr.

Cyd-destun beiblaidd: Cyfnod adferiad Jwda ar ôl y gaethglud ym Mabilon. Wrth i'r bobl ddychwelyd i Jerwsalem bu cryn anawsterau wrth iddynt ddechrau ailadeiladu'r deml, a bu oedi hir ar ôl gosod y sylfeini. Dyna gyd-destun yr anogaeth i beidio â diystyru dydd y pethau bychain ond yn hytrach ymnerthu i fynd ymlaen a gorffen yr adeiladu.

Sechareia 4:10
Canys pwy a ddiystyrodd ddydd y pethau bychain? canys llawenychant, a gwelant y garreg alcam yn llaw Sorobabel gyda'r saith hynny: llygaid yr ARGLWYDD ydynt, y rhai sydd yn cyniwair trwy yr holl ddaear.

◆ Dyfroedd dyfnion

Defnydd cyfoes: Trafferthion mawr.

Cyd-destun beiblaidd: Mae'r Salmydd yn teimlo ei fod yn suddo dros ei ben mewn dŵr dwfn oblegid yr holl elynion sy'n pwyso arno. Ond mae ystyr cadarnhaol i'r ymadrodd yn Llyfr y Diarhebion, lle y mae'n cyfeirio at adnoddau dwfn y doeth i gynorthwyo eraill.

Salm 69:14
Gwared fi o'r dom, ac na soddwyf: gwareder fi oddi wrth fy nghaseion, ac o'r dyfroedd dyfnion.
Diarhebion 18:4
Geiriau yng ngenau gŵr sydd fel dyfroedd dyfnion; a ffynnon doethineb sydd megis afon yn llifo.

◆ Dyfroedd Mara

Defnydd cyfoes: Profiad chwerw.

Cyd-destun beiblaidd: Yr Israeliaid yn dod at ddyfroedd Mara ar eu taith trwy'r anialwch o'r Aifft i Ganaan. Roedd y bobl yn methu yfed y dŵr am ei fod yn chwerw, ond dywedodd Duw wrth Moses i daflu darn o bren iddo ac fe drodd hynny'r dŵr yn beraidd. Ystyr y gair 'mara' yw 'chwerw'.

Exodus 15:23
A phan ddaethant i Mara, ni allent yfed dyfroedd Mara, am eu bod yn chwerwon: oherwydd hynny y gelwir ei henw hi Mara.

◆ (Y) Dyn oddi mewn

Defnydd cyfoes: Mewn cyd-destun crefyddol, i gyfeirio at yr ysbryd (mewnol) o'i gyferbynnu â'r corff (allanol). Fe'i defnyddir mewn ystyr ysgafn weithiau i gyfeirio at y bol.

Cyd-destun beiblaidd: Mae Iesu'n pwysleisio bod yr hyn a wnawn â'n corff yn deillio o'r hyn sydd yn ein calon, sef y dyn oddi mewn (Marc 7:21). Os oes drygioni yn ein calon, bydd yn siŵr o'i amlygu ei hunan yn ein gweithredoedd. Gogoniant yr efengyl yw ei bod yn bosibl, trwy faddeuant Iesu Grist a phresenoldeb yr Ysbryd Glân, i buro ein 'dyn oddi mewn'.

Effesiaid 3:16–17
Ar roddi ohono ef i chwi, yn ôl cyfoeth ei ogoniant, fod wedi ymgadarnhau mewn nerth, trwy ei Ysbryd ef, yn y dyn oddi mewn; ar fod Crist yn trigo trwy ffydd yn eich calonnau chwi.

◆ Ddim yn deilwng i ddatod carrai ei esgidiau

Defnydd cyfoes: I fynegi bwlch teilyngdod anferth rhwng dau berson.

Cyd-destun beiblaidd: Ioan Fedyddiwr, a oedd wedi ei alw i ragflaenu'r Meseia, Iesu Grist, yn ei gymharu ei hunan ag ef. Y gwaith mwyaf israddol y gallai caethwas ei wneud fyddai datod carrai esgidiau rhywun. Dywed Ioan ei fod yn annheilwng i wneud hyd yn oed hynny i'r Meseia, oblegid y bwlch anhraethol fawr oedd rhyngddynt.

> **Marc 1:7**
> *Ac efe a bregethodd, gan ddywedyd, Y mae yn dyfod ar fy ôl i un cryfach na myfi, carrai esgidiau yr hwn nid wyf fi deilwng i ymostwng ac i'w datod.*

◆ Eiddo Cesar i Gesar

Defnydd cyfoes: Dylem barchu gofynion y wladwriaeth arnom. Yn yr ymadrodd hwn mae Cesar yn cynrychioli awdurdod a hawliau'r wladwriaeth.

Cyd-destun beiblaidd: Rhan o ymateb Iesu i ymdrech y Phariseaid i'w gael i drafferth gyda'r awdurdodau Rhufeinig a oedd yn llywodraethu dros Israel. Eu cwestiwn iddo oedd a ddylent dalu treth y pen i Rufain. Gofynnodd Iesu iddynt ddangos yr arian y byddent yn talu'r dreth ag ef, sef darn arian â phen Cesar, Ymerawdwr Rhufain, arno. Yna dywedodd y dylent dalu'r hyn oedd yn eiddo i Gesar i Gesar, gan ychwanegu y dylent dalu'r hyn oedd yn ddyledus i Dduw i Dduw. Yn y ffordd honno cadarnhaodd y dylem barchu pob llywodraeth, tra ar yr un pryd barchu awdurdod goruchaf Duw. (Gweler hefyd y cofnod '(Yr) Awdurdodau goruchel'.)

> **Mathew 22:20–21**
> *Ac efe a ddywedodd wrthynt, Eiddo pwy yw'r ddelw hon a'r argraff? Dywedasant wrtho, Eiddo Cesar. Yna y dywedodd wrthynt, Telwch chwithau yr eiddo Cesar i Gesar, a'r eiddo Duw i Dduw.*

◆ Efydd yn seinio, neu symbal yn tincian

Defnydd cyfoes: Siarad heb fod sylwedd iddo.

Cyd-destun beiblaidd: Mae'n bosibl siarad yn gariadus mewn iaith ddyrchafol; ond heb ddangos cariad ymarferol, cadw sŵn gwag yn unig fyddai hynny.

> **1 Corinthiaid 13:1**
> *Pe llefarwn â thafodau dynion ac angylion, ac heb fod gennyf gariad, yr wyf fel efydd yn seinio, neu symbal yn tincian.*

◆ Ergyd carreg

Defnydd cyfoes: I fynegi agosrwydd, gan nad yw ergyd neu dafliad carreg yn bell iawn.

Cyd-destun beiblaidd: Hanes gweddi ingol yr Arglwydd Iesu yng ngardd Gethsemane ychydig cyn iddo gael ei arestio. Aeth Iesu ryw ychydig o'r neilltu oddi wrth ei ddisgyblion i weddïo'n daer am osgoi dioddefaint y groes, ond gan blygu'n llwyr i ewyllys ei Dad Nefol yr un pryd – er y gwyddai y byddai'n colli cysylltiad â'i Dad dros dro wrth gymryd ein pechod ni arno ef ei hun (Mathew 27:46). (Gweler hefyd y cofnod 'Yr ysbryd yn barod ond y cnawd yn wan'.)

> **Luc 22:41–42**
> *Ac efe a dynnodd oddi wrthynt tuag ergyd carreg; ac wedi iddo fyned ar ei liniau, efe a weddïodd, gan ddywedyd, O Dad, os ewyllysi droi heibio y cwpan hwn oddi wrthyf: er hynny nid fy ewyllys i, ond yr eiddot ti a wneler.*

◆ Esgyrn sychion

Defnydd cyfoes: Cyflwr anobeithiol y mae angen ymyrraeth gref i'w newid, neu fraslun o gynllun heb lawer o fanylion a galw am roi 'cnawd am yr esgyrn'.

Cyd-destun beiblaidd: Gweledigaeth Eseciel o Israel fel dyffryn yn llawn o esgyrn sychion. Mae Duw yn gofyn i Eseciel broffwydo dros yr esgyrn, ac wrth iddo wneud hynny daeth yr esgyrn at ei gilydd, cael eu gwisgo â chnawd, derbyn anadl Duw a chodi'n fyddin enfawr. Gall Ysbryd nerthol Duw ddod ag adfywiad i'r sefyllfa fwyaf anobeithiol.

> **Eseciel 37:4**
> *Ac efe a ddywedodd wrthyf, Proffwyda am yr esgyrn hyn, a dywed wrthynt, O esgyrn sychion, clywch air yr ARGLWYDD.*

◆ Estyn cortynnau

Defnydd cyfoes: Gwneud lle i ragor o bobl, gan amlaf er mwyn iddynt gael manteisio ar ryw fendith, budd neu wasanaeth.

Cyd-destun beiblaidd: Yn ei gyfrol *Y Gair yn ei Bryd* dywed Huw Jones am yr ymadrodd hwn: 'Ystyr cyffredin y gair cortynnau i ni yw rhaffau neu linynnau … Nid y cortynnau yna sydd gan Eseia mewn golwg [yn Eseia 54:2] … Yn hytrach cortynnau yn golygu llenni. O'r Lladin "cortina" cafwyd "curtain" yn Saesneg a "cortyn" yn Gymraeg – cortyn yn yr ystyr o len …' Yn Eseia 54 mae'r proffwyd yn annog gweddill ffyddlon Duw yn y gaethglud i edrych i fyny a meddwl yn nhermau helaethu llenni eu pabell er mwyn i'r Cenhedloedd ddod i mewn.

> **Eseia 54:2–3**
> *Helaetha le dy babell, ac estynnant gortynnau dy breswylfeydd: nac atal, estyn dy raffau, a sicrha dy*

hoelion. Canys ti a dorri allan ar y llaw ddeau ac ar y llaw aswy; a'th had a etifedda y Cenhedloedd. (Ystyr 'aswy' yw 'chwith'.)

◆ (Yr) Euog a ffy heb neb yn ei erlid

Defnydd cyfoes: Fel dihareb. Mae cydwybod ddrwg yn gwneud rhywun yn ofnus ac yn dueddol i redeg i ffwrdd neu guddio hyd yn oed pan nad oes unrhyw wir fygythiad.

Cyd-destun beiblaidd: Daw'r ymadrodd o Lyfr y Diarhebion 28:1, ond bod y gair 'annuwiol' ym 'Meibl William Morgan' lle y ceir y gair 'euog' yn y ddihareb. Yn yr adnod cyferbynnir y rhai annuwiol â'r rhai sy'n gwneud yr hyn sy'n iawn. Nid 'rhedeg i ffwrdd' a wna'r rheini; y maent yn hytrach 'yn hyderus fel llew ifanc' (beibl.net).

> **Diarhebion 28:1**
> Yr annuwiol a ffy heb neb yn ei erlid: ond y rhai cyfiawn sydd hy megis llew.

◆ Fel cicaion Jona

Defnydd cyfoes: Peth sy'n ymddangos yn gyflym ond wedyn yn diflannu'r un mor gyflym.

Cyd-destun beiblaidd: Ar ôl ei lwyddiant ysgubol yn pregethu edifeirwch yn Ninefe, aeth y proffwyd Jona i eistedd y tu allan i'r ddinas i weld a fyddai barn Duw yn disgyn arni. Roedd yr haul yn boeth a pharodd Duw i gicaion dyfu'n gyflym i roi cysgod i Jona. (Planhigyn neu goeden yn perthyn i'r un teulu â'r bwmpen a'r cucumer oedd hwnnw yn ôl pob tebyg.) Drannoeth parodd Duw i'r cicaion wywo, er mwyn dysgu gwers i Jona am ei ras a'i dosturi; oherwydd os poenai

Jona am y planhigyn, pa faint mwy yr oedd yn iawn i Dduw ddangos ei drugaredd tuag at bobl edifeiriol Ninefe.

> **Jona 4:6–7**
> *A'r ARGLWYDD DDUW a ddarparodd gicaion, ac a wnaeth iddo dyfu dros Jona, i fod yn gysgod uwch ei ben ef, i'w waredu o'i ofid: a bu Jona lawen iawn am y cicaion. A'r Arglwydd a baratôdd bryf ar godiad y wawr drannoeth, ac efe a drawodd y cicaion, ac yntau a wywodd.*

◆ Fel clai yn llaw crochenydd

Defnydd cyfoes: Rhai y mae'n hawdd dylanwadu arnynt (er drwg yn aml mewn defnydd diweddar).

Cyd-destun beiblaidd: Eglureb a ddefnyddiodd y proffwyd Jeremeia am allu Duw i fowldio Jwda yn ôl ei ddymuniad.

> **Jeremeia 18:6**
> *Oni allaf fi, fel y crochenydd hwn, wneuthur i chwi, tŷ Israel? medd yr ARGLWYDD. Wele, megis ag y mae y clai yn llaw y crochenydd, felly yr ydych chwithau yn fy llaw i, tŷ Israel.*

◆ Fel haid o locustiaid

Defnydd cyfoes: Rhai yn clirio llond bwrdd o fwyd mewn dim o dro.

Cyd-destun beiblaidd: Yr wythfed o ddeg pla eithriadol o ddinistriol a anfonodd Duw ar yr Aifft yn amser Moses, yn gosb am nad oedd Pharo yn fodlon rhyddhau pobl Israel a oedd yn gaeth yno.

Exodus 10:12
A dywedodd yr A̲R̲G̲L̲W̲Y̲D̲D̲ wrth Moses, Estyn dy law ar wlad yr Aifft am locustiaid, fel y delont i fyny ar dir yr Aifft; ac y bwytaont holl lysiau y ddaear, sef y cwbl a'r a adawodd y cenllysg.

◆ Fel oen i'r lladdfa

Defnydd cyfoes: Mynd yn ddiniwed a dibrotest i sefyllfa angheuol neu ddinistriol.

Cyd-destun beiblaidd: Disgrifiad y proffwyd Eseia o'r Meseia fel Gwas Dioddefus. Cyflawnodd Iesu'r broffwydoliaeth pan ymddangosodd gerbron yr archoffeiriaid a Pheilat (Marc 14:61; 15:3–5).

> **Eseia 53:7**
> Efe a orthrymwyd, ac efe a gystuddiwyd, ac nid agorai ei enau: fel oen yr arweinid ef i'r lladdfa, ac fel y tau dafad o flaen y rhai a'i cneifiai, felly nid agorai yntau ei enau. (Ystyr 'tau' yw 'tawa'.)

◆ Fy ffiol / cwpan sydd lawn

Defnydd cyfoes: I fynegi cyflwr o fodlonrwydd neu lawenydd llwyr.

Cyd-destun beiblaidd: Y darlun o Dduw fel bugail yn gofalu am ei bobl yn Salm 23. Rhan o'i ddaioni a'i ofal yw darparu gwledd helaeth i'w bobl. Cyfieithiad beibl.net o 'Fy ffiol sydd lawn' yw 'Mae gen i fwy na digon!'

> **Salm 23:5**
> Ti a arlwyi ford ger fy mron yng ngŵydd fy

ngwrthwynebwyr: iraist fy mhen ag olew; fy ffiol sydd lawn.

◆ Fy llinynnau a syrthiodd mewn lleoedd hyfryd

Defnydd cyfoes: Bod mewn sefyllfa ddedwydd a chysurus iawn.

Cyd-destun beiblaidd: Dafydd yn diolch i Dduw yn Salm 16 am ei amddiffyn a'i roi mewn amgylchiadau dedwydd. Presenoldeb Duw sy'n gwneud unrhyw etifeddiaeth ddaearol yn lle dedwydd.

> **Salm 16:5–6**
> Yr ARGLWYDD yw rhan fy etifeddiaeth i a'm ffiol: ti a gynheli fy nghoelbren. Y llinynnau a syrthiodd i mi mewn lleoedd hyfryd: ie, y mae i mi etifeddiaeth deg. (Yn ôl *Geiriadur Prifysgol Cymru*, cyfeiria 'llinynnau' yma at 'fesur tir ar gyfer preswylfod'.)

◆ Ffon bara

Defnydd cyfoes: Bywoliaeth neu foddion cynhaliaeth.

Cyd-destun beiblaidd: Fel pob un ohonom heddiw, roedd yr Iddewon yn amser y proffwyd Eseciel yn dibynnu ar rywbeth neu'i gilydd i gynnal eu bywyd. Mae Duw yn bygwth torri eu 'ffon bara' gan ddwyn newyn arnynt.

> **Eseciel 5:16**
> Pan anfonwyf arnynt ddrwg saethau newyn, y rhai fyddant i'w difetha, y rhai a ddanfonaf i'ch difetha: casglaf hefyd newyn arnoch, a thorraf eich ffon bara.

◆ Ffordd Damascus

Defnydd cyfoes: Profiad (ysgytwol yn aml) sy'n newid cwrs bywyd neu agwedd rhywun at rywbeth.

Cyd-destun beiblaidd: Tröedigaeth Saul ar ei ffordd i Ddamascus. Roedd Saul (enw arall ar Paul) ar ei ffordd i erlid y Cristnogion yn Namascus, ond ymddangosodd Iesu iddo'n ddirybudd a'r canlyniad oedd iddo gael tröedigaeth a dod yn un o brif arweinwyr yr Eglwys Fore. Ceir yr hanes yn Actau. penodau 9, 22 a 26. (Gweler hefyd y cofnod 'Gwingo yn erbyn y symbylau'.)

> **Actau 22:6–8**
> *Eithr digwyddodd, a myfi yn myned, ac yn nesáu at Ddamascus, ynghylch hanner dydd, yn ddisymwth i fawr oleuni o'r nef ddisgleirio o'm hamgylch. A mi a syrthiais ar y ddaear, ac a glywais lais yn dywedyd wrthyf, Saul, Saul, paham yr wyt yn fy erlid? A minnau a atebais, Pwy wyt ti, O Arglwydd? Yntau a ddywedodd wrthyf, Myfi yw Iesu o Nasareth, yr hwn yr wyt ti yn ei erlid.*

◆ Ffordd yr holl ddaear

Defnydd cyfoes: Marwolaeth neu ddiwedd anochel. Mae pawb a phopeth yn marw neu'n diflannu oddi ar wyneb y ddaear.

Cyd-destun beiblaidd: Ymadrodd gan y brenin Dafydd, yn ei henaint ac ar ei wely angau, wrth iddo annerch ei fab Solomon.

> **1 Brenhinoedd 2:1–2**
> *Yna dyddiau Dafydd a nesasant i farw; ac efe a*

orchmynnodd i Solomon ei fab, gan ddywedyd,
Myfi wyf yn myned ffordd yr holl ddaear; am hynny
ymnertha, a bydd ŵr.

◆ (Y) Ffyrling eithaf

Defnydd cyfoes: I gyfleu'r rheidrwydd i dalu pob mymryn o unrhyw ddyled.

Cyd-destun beiblaidd: Gorchymyn Iesu yn y Bregeth ar y Mynydd i osgoi mynd i'r gyfraith i setlo anghydfod. Gwell cymodi na mynd i'r carchar a gorfod talu pob mymryn o ddyled. Chwarter ceiniog oedd gwerth ffyrling; 'ceiniog' sydd yn y man cyfatebol yn beibl.net.

> **Mathew 5:25–26**
> *Cytuna â'th wrthwynebwr ar frys, tra fyddech ar y ffordd gydag ef; rhag un amser i'th wrthwynebwr dy roddi di yn llaw'r barnwr, ac i'r barnwr dy roddi at y swyddog, a'th daflu yng ngharchar. Yn wir meddaf i ti, Ni ddeui di allan oddi yno, hyd oni thalech y ffyrling eithaf.*

◆ Gad ef y flwyddyn hon eto

Defnydd cyfoes: Rhoi un cyfle arall i rywun neu rywbeth i gynhyrchu'r hyn a ddisgwylir.

Cyd-destun beiblaidd: Dameg Iesu am y Ffigysbren yn y Winllan. Mae 'ffigysbren' yn ddarlun cyffredin yn yr Hen Destament am genedl Israel, a 'ffrwyth' wedyn yn ddelwedd am gynnydd neu ddatblygiad ysbrydol pobl yn eu perthynas â Duw. Mae diffyg ffrwyth yn haeddu barn Duw. Yn y stori mae yna eiriol am un cyfle arall i ddwyn ffrwyth.

Luc 13:8–9
Ond efe gan ateb a ddywedodd wrtho, Arglwydd, gad ef y flwyddyn hon hefyd, hyd oni ddarffo i mi gloddio o'i amgylch, a bwrw tail: ac os dwg efe ffrwyth, da: onid e, gwedi hynny tor ef i lawr.

◆ Gair yn ei bryd / yn ei amser

Defnydd cyfoes: Dweud rhywbeth hollol briodol ar yr amser iawn.

Cyd-destun beiblaidd: Ymadrodd o Lyfr y Diarhebion lle y dywedir bod gair amserol yn dod â lles a llawenydd. 'Gair yn ei amser' sydd ym 'Meibl William Morgan', ond ffurf fwy cyffredin ar yr ymadrodd, sef 'Gair yn ei bryd', sydd yn y Beibl Cymraeg Newydd ac yn beibl.net.

Diarhebion 15:23
Llawenydd fydd i ŵr oherwydd ymadrodd ei enau; ac O mor dda yw gair yn ei amser!

◆ Glawio ar y cyfiawn a'r anghyfiawn

Defnydd cyfoes: I gyfleu bod Duw yn ei ras cyffredinol yn dda wrth bawb. Gan nad yw glaw yn fendith ddigymysg yng Nghymru fel y mae yn y Dwyrain Canol, weithiau yn y Gymraeg defnyddir yr ymadrodd yn ddireidus neu eironig, neu hyd yn oed mewn ffordd negyddol.

Cyd-destun beiblaidd: Mae Iesu'n mynegi gofal cyffredinol Duw dros bawb yn ei ragluniaeth, fel anogaeth i'w ddisgyblion garu eu gelynion.

Mathew 5:45
Fel y byddoch blant i'ch Tad yr hwn sydd yn y nefoedd: canys y mae efe yn peri i'w haul godi ar y drwg a'r da, ac yn glawio ar y cyfiawn a'r anghyfiawn.

◆ Glyn cysgod angau

Defnydd cyfoes: 'Dyffryn cul a serth' yw ystyr 'glyn', ond dywed *Geiriadur Prifysgol Cymru* fod y gair 'glyn' yn cael ei ddefnyddio'n ffigurol ar gyfer 'man cyfyng a thywyll ym mhrofiad dyn, yn enwedig cyfyngder cysgod angau'.

Cyd-destun beiblaidd: Daw'r ymadrodd o'r cyfieithiad o Salm 23:4 ym 'Meibl William Morgan'; ond y mae'r Beibl Cymraeg Newydd a beibl.net yn cyfieithu'r adnod mewn ffordd wahanol, sy'n pwysleisio nad marwolaeth yw'r unig 'glyn' tywyll a all beri dychryn i ni. Cyfieithiad y Beibl Cymraeg Newydd yw, 'Er imi gerdded trwy ddyffryn tywyll du, nid ofnaf unrhyw niwed'. 'Hyd yn oed mewn ceunant tywyll dychrynllyd, fydd gen i ddim ofn' sydd yn beibl.net.

> **Salm 23:4**
> *Ie, pe rhodiwn ar hyd glyn cysgod angau, nid ofnaf niwed: canys yr wyt ti gyda mi; dy wialen a'th ffon a'm cysurant.*

◆ Goddef ffyliaid yn llawen

Defnydd cyfoes: Yn aml iawn heddiw fe'i ceir yn y ffurf 'dioddef ffyliaid'. Fel arfer mae'n cael ei ddefnyddio'n negyddol, i gyfleu bod rhywun ddim yn barod i ddioddef ffyliaid neu na ddylid eu dioddef.

Cyd-destun beiblaidd: Yn ei ail lythyr at yr eglwys yng

Nghorinth mae Paul yn ceryddu'r Corinthiaid, a oedd yn meddwl yn uchel o'u doethineb, am ganiatáu i arweinwyr ffals gymryd mantais ohonynt – a hwythau mor 'synhwyrol' yn eu tyb hwy eu hunain!

> **2 Corinthiaid 11:19**
> Canys yr ydych yn goddef ffyliaid yn llawen, gan fod eich hunain yn synhwyrol.

◆ Golchi dwylo

Defnydd cyfoes: Ymwrthod â chyfrifoldeb dros rywbeth.

Cyd-destun beiblaidd: Iesu o flaen Peilat cyn y croeshoeliad. Mae Peilat am ryddhau Iesu am y credai ei fod yn ddieuog, ond mae'n plygu i bwysau'r dorf sydd am ei groeshoelio. Cyfieithiad beibl.net o'r ymadrodd 'edrychwch chwi' yn y dyfyniad isod yw 'Chi sy'n gyfrifol!'

> **Mathew 27:23–24**
> A'r rhaglaw a ddywedodd, Ond pa ddrwg a wnaeth efe? Hwythau a lefasant yn fwy, gan ddywedyd, Croeshoelier ef. A Peilat, pan welodd nad oedd dim yn tycio, ond yn hytrach bod cynnwrf, a gymerth ddwfr, ac a olchodd ei ddwylo gerbron y bobl, gan ddywedyd, Dieuog ydwyf fi oddi wrth waed y cyfiawn hwn: edrychwch chwi.

◆ Gollwng dros gof

Defnydd cyfoes: Anghofio.

Cyd-destun beiblaidd: Er bod yr ymadrodd yn briod-ddull yn y Gymraeg cyn 'Beibl William Morgan', dichon mai ei ddefnyddio yn y cyfieithiad hwnnw a fu'n fwy cyfrifol na dim am ei boblogrwydd fel ymadrodd, megis yr anogaeth yn Llyfr y Diarhebion i beidio ag anghofio cyfraith Duw ond yn hytrach ei thrysori yn ein calonnau.

> **Diarhebion 3:1**
> *Fy mab, na ollwng fy nghyfraith dros gof; ond cadwed dy galon fy ngorchmynion.*

◆ (Y) Graig y'ch naddwyd ohoni

Defnydd cyfoes: Cyfeiriad at dras neu dreftadaeth neu fagwraeth rhywun, fel arfer gydag anogaeth i'w chofio a bod yn deyrngar iddi.

Cyd-destun beiblaidd: Y proffwyd Eseia yn annog ffyddloniaid Jwda i gofio am eu hynafiaid yn y ffydd, ac yn arbennig Abraham a Sara a aeth o fod yn ddi-blant i fod yn bobl niferus trwy fendith Duw.

> **Eseia 51:1**
> *Gwrandewch arnaf fi, ddilynwyr cyfiawnder, y rhai a geisiwch yr A<small>RGLWYDD</small>: edrychwch ar y graig y'ch naddwyd, ac ar geudod y ffos y'ch cloddiwyd ohonynt.*

◆ Gwagedd o wagedd

Defnydd cyfoes: I gyfleu nad oes sylwedd parhaol i rywbeth, neu fod rhywbeth yn gwbl ofer a diwerth.

Cyd-destun beiblaidd: Prif thema Llyfr y Pregethwr yw oferedd bywyd 'dan yr haul', sef bywyd yn y byd hwn heb Dduw. Ond ceir awgrym yma a thraw yn y llyfr bod byw yng ngoleuni cyfiawnder Duw yn gwneud bywyd yn ystyrlon.

> **Pregethwr 1:1–2, 14**
> *Geiriau y Pregethwr, mab Dafydd, brenin yn Jerwsalem. Gwagedd o wagedd, medd y Pregethwr, gwagedd o wagedd; gwagedd yw y cwbl … Mi a welais yr holl weithredoedd a wnaed dan haul; ac wele, gwagedd a gorthrymder ysbryd yw y cwbl.*

◆ Gwala a gweddill – gweler 'Dod ato ei hun'

◆ Gwasanaethu dau arglwydd

Defnydd cyfoes: Ceisio, yn ofer, rannu teyrngarwch rhwng dau beth gwrthgyferbyniol. Fel y dywed Huw Jones yn ei gyfrol *Y Gair yn ei Bryd*, mae'r dywediad yn cyfeirio'n aml iawn at 'rannu teyrngarwch rhwng egwyddor a mantais bersonol'.

Cyd-destun beiblaidd: Mae'n drawiadol gweld Iesu'n gwrthgyferbynnu'r gwir Dduw a'r duw sy'n boblogaidd ym mhob oes, gan gynnwys ein hoes ni, sef 'mamon' (neu 'arian'), fel y ddau brif ddewis sy'n wynebu pawb. (Gweler hefyd y cofnod 'Mamon'.)

> **Mathew 6:24**
> *Ni ddichon neb wasanaethu dau arglwydd; canys naill ai efe a gasâ y naill, ac a gâr y llall; ai efe a ymlŷn wrth y naill, ac a esgeulusa'r llall. Ni ellwch wasanaethu Duw a mamon.*

◆ Gweld â'm llygaid fy hun

Defnydd cyfoes: I wrthgyferbynnu'r profiad o glywed am

rywun neu rywbeth yn ail-law â'r profiad o gyfarfod â rhywun neu weld rhywbeth drosoch eich hunan.

Cyd-destun beiblaidd: Bu llawer iawn o siarad am Dduw yn Llyfr Job ond yn y diwedd mae Duw yn cyfarch Job yn uniongyrchol (penodau 38–41). Wedi hynny, ym mhennod 42, mae Job yn tystio iddo weld Duw â'i lygaid ei hun. Mae'n werth ychwanegu fod Job yn gynharach yn y llyfr wedi datgan yn llawn ffydd, 'Myfi a wn fod fy Mhrynwr yn fyw … yr hwn a gaf fi i mi fy hun ei weled, a'm llygaid a'i gwelant' (Job 19:25, 27).

> **Job 42:5**
> *Myfi a glywais â'm clustiau sôn amdanat: ond yn awr fy llygad a'th welodd di.*

◆ Gweld lygad yn llygad

Defnydd cyfoes: Cytundeb llwyr.

Cyd-destun beiblaidd: Digwydd yr ymadrodd yn Eseia 52:8 yn y fersiwn diwygiedig o gyfieithiad William Morgan yn 1620. Ond er iddo fagu'r ystyr yn y Gymraeg o 'gytuno'n llwyr' neu o 'fod o'r un feddwl', nid dyna ystyr y priod-ddull gwreiddiol yn yr Hebraeg. Roedd William Morgan yn nes ati wrth ei drosi yn 'gwelant yn eglur' yn ei gyfieithiad ef yn 1588. Yr hyn a geir yn y Beibl Cymraeg Newydd yw: 'Clyw, y mae dy wylwyr yn codi eu llais ac yn bloeddio'n llawen gyda'i gilydd; â'u llygaid eu hunain y gwelant yr ARGLWYDD yn dychwelyd i Seion.'

> **Eseia 52:8**
> *Dy wylwyr a ddyrchafant lef; gyda'r llef y cydganant: canys gwelant lygad yn llygad, pan ddychwelo yr ARGLWYDD Seion.*

◆ Gwingo yn erbyn y symbylau

Defnydd cyfoes: Gwthio yn erbyn grymoedd sy'n gyrru rhywun i ryw gyfeiriad arbennig.

Cyd-destun beiblaidd: Geiriau Iesu wrth Saul (enw arall ar Paul) mewn gweledigaeth adeg ei dröedigaeth. Digwydd yr ymadrodd yn Actau 26:14 wrth i Paul adrodd hanes ei dröedigaeth gerbron y brenin Agripa. Ffon ac iddi bwynt miniog oedd 'swmbwl', ac fe'i defnyddid i annog ych neu geffyl ymlaen. Niweidio ei hunan y byddai'r anifail pe bai'n gwthio neu'n cicio yn erbyn y symbylau; a dyna paham y mae beibl.net yn trosi geiriau Iesu wrth Saul yn Actau 26:14 fel hyn: 'Dim ond gwneud drwg i ti dy hun wyt ti wrth dynnu'n groes i mi.' (Gweler hefyd y cofnodion 'Swmbwl yn y cnawd' a 'Ffordd Damascus'.)

> **Actau 26:14–15**
> *Ac wedi i ni oll syrthio ar yr ddaear, mi a glywais leferydd yn llefaru wrthyf, ac yn dywedyd yn Hebraeg, Saul, Saul, paham yr ydwyt yn fy erlid i? Caled yw i ti wingo yn erbyn y symbylau. Ac mi a ddywedais, Pwy wyt ti, Arglwydd? Ac efe a ddywedodd, Myfi yw Iesu, yr hwn yr wyt ti yn ei erlid.*

◆ Gwisgo mantell

Defnydd cyfoes: Rhywun sydd yn olynu rhywun arall, yn aml yng nghyd-destun swydd neu safle neu ddawn arbennig.

Cyd-destun beiblaidd: Eliseus yn dod yn olynydd i'r proffwyd Eleias. Yn 1 Brenhinoedd 19:19 mae Eleias yn bwrw ei fantell ar Eliseus, yn arwydd ei fod yn olynydd iddo fel proffwyd. Yn 2 Brenhinoedd 2 gwelwn Eliseus yn cymryd mantell Eleias wedi i Eleias gael ei gipio i'r nef mewn cerbyd tanllyd.

> **2 Brenhinoedd 2:13**
> Ac efe a gododd i fyny fantell Eleias a syrthiasai oddi wrtho ef; ac a ddychwelodd ac a safodd wrth fin yr Iorddonen.

◆ Gwlad bell

Defnydd cyfoes: Yn ffigurol, i gyfleu sefyllfa lle y mae rhywun wedi crwydro'n bell yn ysbrydol neu yn foesol.

Cyd-destun beiblaidd: Dameg y Mab Afradlon. Aeth y mab yn bell oddi cartref yn llythrennol, ond hefyd yn foesol, gan wario ei etifeddiaeth ar bethau a oedd yn groes i ddymuniad ei dad hael a chariadus. (Gweler hefyd y cofnod 'Mab afradlon'.)

> **Luc 15:13**
> Ac ar ôl ychydig ddyddiau y mab ieuangaf a gasglodd y cwbl ynghyd, ac a gymerth ei daith i wlad bell; ac yno efe a wasgarodd ei dda, gan fyw yn afradlon.

◆ Gwlad yr Addewid

Defnydd cyfoes: Addewid o sefyllfa o ffyniant a digonedd yn y dyfodol. Defnyddir yr ymadrodd yn eironig weithiau, i gyfeirio at addewid sy'n anodd ei gredu (er enghraifft, o enau gwleidyddion sy'n ceisio ein pleidlais cyn etholiad).

Cyd-destun beiblaidd: Yr addewid a roddodd Duw i Abraham y byddai'n cael disgynyddion niferus a fyddai'n perchnogi ac yn poblogi gwlad Canaan (Genesis 12:6–7). Dim ond bedd y bu Abraham ei hun yn berchen arno yng Nghanaan; ni wireddwyd yr addewid tan ar ôl yr Exodus o gaethiwed yr Aifft, pan gafodd yr Israeliaid eu dwyn dan arweiniad Moses 'i wlad dda a helaeth, i wlad yn llifeirio o laeth a mêl' (Exodus 3:8). (Gweler hefyd y cofnod 'Llifeirio o laeth a mêl'.)

> **Hebreaid 11:8–9**
> *Trwy ffydd, Abraham, pan ei galwyd, a ufuddhaodd, gan fyned i'r man yr oedd efe i'w dderbyn yn etifeddiaeth; ac a aeth allan, heb wybod i ba le yr oedd yn myned. Trwy ffydd yr ymdeithiodd efe yn nhir yr addewid, megis mewn tir dieithr, gan drigo mewn lluestai gydag Isaac a Jacob, cyd-etifeddion o'r un addewid.*

◆ Gwneud ymdrech deg

Defnydd cyfoes: I ddisgrifio rhywun a wnaeth ei orau mewn ymdrech neu ornest, hyd yn oed os na fu'n llwyddiannus neu'n fuddugol.

Cyd-destun beiblaidd: Ymadrodd o fyd y mabolgampau sy'n cael ei ddefnyddio gan yr apostol Paul i ddisgrifio ei ymdrech galed, a phoenus yn aml, i gyflawni'r alwad a gafodd gan Iesu.

> **2 Timotheus 4:7**
> *Mi a ymdrechais ymdrech deg, mi a orffennais fy ngyrfa, mi a gedwais y ffydd.*

◆ Gwregysu lwynau

Defnydd cyfoes: Ymbaratoi i gyflawni tasg arbennig, yn arbennig un heriol.

Cyd-destun beiblaidd: Gwisg laes oedd gan bobl y Beibl, ac anodd fyddai symud yn gyflym ynddi. Felly os am redeg neu weithio'n gorfforol, yr arfer oedd codi'r wisg uwchben y pengliniau â gwregys neu felt. Dyna a ddisgwyliai'r proffwyd Eliseus i'w was Gehasi ei wneud wrth iddo fynd yn gyflym i osod ffon y proffwyd ar wyneb bachgen er mwyn ceisio ei wella'n wyrthiol. Mae'r apostol Pedr yn defnyddio'r ymadrodd yn drosiadol yn ei lythyr cyntaf.

> **2 Brenhinoedd 4:29**
> *Yna efe a ddywedodd wrth Gehasi, Gwregysa dy lwynau, a chymer fy ffon yn dy law, a dos ymaith: o chyfarfyddi â neb, na chyfarch iddo; ac o chyfarch neb di, nac ateb ef: a gosod fy ffon i ar wyneb y bachgen.*
> (Ystyr yr 'o' yn 'o chyfarch' yw 'os'.)
>
> **1 Pedr 1:13**
> *Oherwydd paham, gan wregysu lwynau eich meddwl, a bod yn sobr, gobeithiwch yn berffaith am y gras a ddygir i chwi yn natguddiad Iesu Grist.*

◆ Gwreiddyn pob drwg

Defnydd cyfoes: Wrth gyfeirio at helynt rhywun a syrthiodd i demtasiwn yn sgil ariangarwch, neu botensial ariangarwch i achosi pob math o ddrygioni.

Cyd-destun beiblaidd: Mae geiriad 'Beibl William Morgan' ar gyfer 1 Timotheus 6:10 yn awgrymu mai ariangarwch sydd wrth wraidd pob drwg, ond mae 'pob math o ddrwg' yn gyfieithiad gwell. Ni ddylai Cristion fod yn ariangar, oblegid gall hynny ei arwain oddi wrth Dduw ac i bob math o ofidiau.

> **1 Timotheus 6:10**
> *Canys gwreiddyn pob drwg yw ariangarwch: yr hon, a rhai yn chwannog iddi, hwy a gyfeiliornasant oddi wrth y ffydd, ac a'u gwanasant eu hunain â llawer o ofidiau.*
> (Ystyr 'chwannog' yw 'awyddus' ac ystyr 'gwanu' yw 'trywanu'.)

◆ Gwreiddyn y mater

Defnydd cyfoes: Hanfod unrhyw bwnc neu fater. Canmol rhywun yw dweud bod 'gwreiddyn y mater ganddo'.

Cyd-destun beiblaidd: Digwydd yr ymadrodd 'gwreiddyn y mater' yn Job 19:28. Erbyn hyn mae amheuaeth ynglŷn â chywirdeb cyfieithiad 'Beibl William Morgan' yn y fan hon. Yn hytrach na'i ganmol am unplygrwydd ei gymeriad, mae'n bosibl mai'r hyn sy'n digwydd yw bod cyhuddwyr Job yn awgrymu mai drygioni Job ei hun sydd wedi achosi ei holl helbulon. Dyna paham y mae'r Beibl Cymraeg Newydd yn cyfieithu'r ymadrodd yn Job 19:28 mewn ffordd negyddol, 'gan fod gwreiddyn y drwg ynddo', a bod beibl.net yn cyfieithu'r ymadrodd fel pe bai cyhuddwyr Job yn dweud amdano, 'Arno fe'i hun mae'r bai!'

> **Job 19:28**
> *Eithr chwi a ddylech ddywedyd, Paham yr erlidiwn ef? canys gwreiddyn y mater a gaed ynof.*

◆ Gwth o oedran

Defnydd cyfoes: Yn gwthio ymlaen mewn blynyddoedd; wedi mynd yn hen iawn.

Cyd-destun beiblaidd: Hanes geni Ioan Fedyddiwr. Roedd Sachareias ac Elisabeth, ei rieni, wedi mynd yn rhy hen i gael plant yn ôl y drefn naturiol. Roedd genedigaeth Ioan, felly, yn wyrthiol. (Gweler hefyd y cofnod 'Llawn o ddyddiau'.)

> **Luc 1:7**
> *Ac nid oedd plentyn iddynt, am fod Elisabeth yn amhlantadwy; ac yr oeddynt wedi myned ill dau mewn gwth o oedran.*

◆ Gwthio i'r dwfn

Defnydd cyfoes: Mentro y tu hwnt i sefyllfa gysurus.

Cyd-destun beiblaidd: Iesu, ar ôl cyfnod o ddysgu'r dyrfa o gwch Simon Pedr, yn gorchymyn iddo fwrw i'r dwfn i bysgota. Er nad oedd Pedr, y pysgotwr profiadol, yn meddwl bod unrhyw ddiben mewn bwrw rhwydau ar y pryd, cafwyd helfa aruthrol o bysgod.

> **Luc 5:4**
> *A phan beidiodd â llefaru, efe a ddywedodd wrth Simon, Gwthia i'r dwfn, a bwriwch eich rhwydau am helfa.*

◆ Gwyro barn

Defnydd cyfoes: Anghyfiawnder mewn achos cyfreithiol, oblegid llwgrwobrwyo neu ryw reswm arall, megis rhagfarn neu dderbyn wyneb.

Cyd-destun beiblaidd: Roedd peidio â rhoi barn gyfiawn mewn llys am unrhyw reswm yn bechod difrifol iawn yng ngolwg Duw. Dyna pam y condemnir meibion Samuel yn yr adnod o 1 Samuel isod.

> **Deuteronomium 16:19**
> *Na ŵyra farn, ac na chydnebydd wynebau; na dderbyn wobr chwaith: canys gwobr a ddalla lygaid y doethion, ac a ŵyra eiriau y cyfiawn.*
> **1 Samuel 8:3**
> *A'i feibion ni rodiasant yn ei ffyrdd ef, eithr troesant ar ôl cybydd-dra, a chymerasant obrwy, a gwyrasant farn.*
> (Ystyr 'gobrwy' yw 'gwobr, tâl'.)

◆ Gyrru fel Jehu

Defnydd cyfoes: Gyrru'n wyllt.

Cyd-destun beiblaidd: Y disgrifiad o Jehu, brenin Israel, yn gyrru'n hollol wyllt i gyflawni barn Duw ar ddrygioni.

> **2 Brenhinoedd 9:20**
> *A'r gwyliwr a fynegodd, gan ddywedyd, Efe a ddaeth hyd atynt hwy, ond nid yw efe yn dychwelyd: a'r gyriad sydd fel gyriad Jehu mab Nimsi; canys y mae efe yn gyrru yn ynfyd.*

◆ Haearn a hoga haearn

Defnydd cyfoes: Dau berson yn cyd-drafod rhyw fater â'i gilydd gan roi gwell dealltwriaeth ohono iddynt ill dau trwy wneud hynny.

Cyd-destun beiblaidd: Dihareb o fyd arfau neu gyllyll metal. Cyfieithiad beibl.net o Diarhebion 27:17 yw: 'Fel haearn yn hogi haearn, mae un person yn hogi meddwl rhywun arall.'

> **Diarhebion 27:17**
> *Haearn a hoga haearn: felly gŵr a hoga wyneb ei gyfaill.*

◆ Haleliwia / Aleliwia

Defnydd cyfoes: Mewn cyd-destun crefyddol fe'i defnyddir wrth foli Duw, ond mae'r ystyr wedi ymestyn hefyd i gyd-destun seciwlar i fynegi rhyddhad neu lawenydd.

Cyd-destun beiblaidd: Ystyr y gair Hebraeg yw 'Molwch yr

Arglwydd'. Digwydd y gair mewn nifer o'r Salmau o Salm 104 ymlaen, ond fe'i cyfieithir yno ym 'Meibl William Morgan' gan yr ymadrodd 'Molwch yr Arglwydd'. (Gweler hefyd y cofnod 'Pob perchen anadl'.)

> **Salm 106:1**
> Molwch yr ARGLWYDD [= Haleliwia]. Clodforwch yr ARGLWYDD; canys da yw: oherwydd ei drugaredd a bery yn dragywydd.
>
> **Datguddiad 19:1**
> Ac ar ôl y pethau hyn mi a glywais megis llef uchel gan dyrfa fawr yn y nef, yn dywedyd, Aleliwia; Iachawdwriaeth, a gogoniant, ac anrhydedd, a gallu, i'r Arglwydd ein Duw ni.

◆ **Halen y ddaear**

Defnydd cyfoes: Rhywun da ei gymeriad a'i ddylanwad.

Cyd-destun beiblaidd: Disgrifiad Iesu o'i ddisgyblion yn y Bregeth ar y Mynydd. Rhoi blas ar fwyd a ddaw gyntaf i'n meddwl wrth sôn am halen bellach – peth na ddylid cael gormod ohono ychwaith os ydym am fyw yn iach! – ond cadw bwyd rhag pydru oedd ei brif ddefnydd ers talwm.

> **Mathew 5:13**
> Chwi yw halen y ddaear: eithr o diflasodd yr halen, â pha beth yr helltir ef? ni thâl efe mwy ddim ond i'w fwrw allan, a'i sathru gan ddynion. (Ystyr yr 'o' yn 'o diflasodd' yw 'os'.)

◆ **Hatling y wraig weddw**

Defnydd cyfoes: Rhodd wironeddol aberthol.

Cyd-destun beiblaidd: Iesu yn gweld pobl yn cyfrannu at achos Duw yn y deml ac yn dyfarnu mai gwraig weddw dlawd, a roddodd bron cyn lleied ag yr oedd yn bosibl ei roi o ran gwerth ariannol, a roddodd y rhodd fwyaf mewn gwirionedd. Y rheswm am hyn oedd bod gan y rhai a roddodd lawer fwy na digon ar ôl wedi iddynt roi, ond roedd y wraig weddw dlawd wedi rhoi 'yr hyn oll a feddai'.

> **Marc 12:41–42**
> *A'r Iesu a eisteddodd gyferbyn â'r drysorfa, ac a edrychodd pa fodd yr oedd y bobl yn bwrw arian i'r drysorfa: a chyfoethogion lawer a fwriasant lawer. A rhyw wraig weddw dlawd a ddaeth, ac a fwriodd i mewn ddwy hatling, yr hyn yw ffyrling. (Ar 'ffyrling', gweler y cofnod '(Y) Ffyrling eithaf'.)*

◆ Hau gwynt a medi corwynt

Defnydd cyfoes: Mae rhywun sy'n ymddwyn yn ddrwg neu'n annoeth yn siŵr o ddioddef canlyniadau trychinebus maes o law.

Cyd-destun beiblaidd: Trosiad a ddefnyddir yn Hosea 8:7. Ar ôl i ddeg llwyth Israel neilltuo oddi wrth Jwda, crëwyd cysegr yn Bethel ag eilun o lo ynddo, gyda'r bwriad o symud yr angen i bobl Israel fynd i addoli yn Jerwsalem, a oedd yn nhiriogaeth Jwda (1 Brenhinoedd 12). Oblegid eu pechod yn addoli eilunod, mae Hosea'n proffwydo y bydd corwynt barn Duw yn dod ar Israel. Cyfieithiad beibl.net o Hosea 8:7 yw, 'Maen nhw wedi hau gwynt, ond byddan nhw'n medi corwynt! "Dydy ŷd heb ben ddim yn rhoi blawd." Hyd yn oed petai'n rhoi cnwd, pobl estron fydd yn ei fwyta.'

> **Hosea 8:7**
> *Canys gwynt a heuasant, a chorwynt a fedant: corsen*

ni bydd iddo: y dywysen ni wna flawd: ac os gwna, dieithriaid a'i llwnc.

◆ Haws i gamel fynd trwy grau nodwydd

Defnydd cyfoes: Peth amhosibl neu eithriadol o anodd.

Cyd-destun beiblaidd: Sgwrs Iesu a dyn ifanc cyfoethog a oedd yn frwd iawn dros ennill bywyd tragwyddol ond a drodd ei gefn pan ddywedodd Iesu wrtho am roi ei holl gyfoeth i'r tlodion ac ymuno â'i ddisgyblion. Mae dywediad Iesu am y camel a chrau'r nodwydd fel petai'n awgrymu ei bod yn amhosibl i'r cyfoethog fynd i mewn i deyrnas nefoedd, ond yna fe ychwanega Iesu fod Duw yn Dduw yr amhosibl; ac i danlinellu hynny, yn yr Efengyl yn ôl Luc, dilynir hanes y dyn ifanc goludog hwnnw yn Luc 18 gan hanes tröedigaeth Saccheus, y casglwr trethi cyfoethog, yn Luc 19.

> **Mathew 19:24**
> *A thrachefn meddaf i chwi, Haws yw i gamel fyned trwy grau'r nodwydd ddur, nag i oludog fyned i mewn i deyrnas Dduw.*

◆ (Yr) Hen ddyn

Defnydd cyfoes: Pan fydd rhywun yn ymddwyn yn anghynnes neu yn annifyr ar air neu weithred, dywedir bod yr 'hen ddyn' yn dod i'r golwg.

Cyd-destun beiblaidd: Daw o ddisgrifiad yr apostol Paul o'r hyn sy'n digwydd pan fydd rhywun yn dod yn Gristion. Disodlir 'yr hen ddyn', sef y person oedd mewn gwrthryfel yn erbyn Duw, gan 'y dyn newydd', sef y person sydd dan ddylanwad yr Ysbryd Glân a ddaw i drigo ynom pan gredwn. Mae'r ddau hyn, yr hen a'r newydd, mewn gwrthdaro parhaus, sy'n esbonio anogaeth Paul i 'wisgo' amdanom y dyn newydd yn feunyddiol fel y gallwn fyw bywydau cyfiawn a sanctaidd.

> **Effesiaid 4:22–24**
> *Dodi ohonoch heibio, o ran yr ymarweddiad cyntaf, yr hen ddyn, yr hwn sydd lygredig yn ôl y chwantau twyllodrus; ac ymadnewyddu yn ysbryd eich meddwl; a gwisgo'r dyn newydd, yr hwn yn ôl Duw a grewyd mewn cyfiawnder a gwir sancteiddrwydd.* (Ystyr 'ymarweddiad' yw 'ymddygiad'.)

◆ Hen fel Methwsela

Defnydd cyfoes: Eithriadol o hen.

Cyd-destun beiblaidd: O'r holl batriarchiaid yn llinach Seth, mab Adda, a anwyd cyn y dilyw yn amser Noa, Methwsela a fu fyw hiraf – 969 mlynedd.

> **Genesis 5:27**
> *A holl ddyddiau Methwsela oedd naw mlynedd a thrigain a naw can mlynedd; ac efe a fu farw.*

◆ Hen ŷd y wlad

Defnydd cyfoes: Yn wreiddiol golygai gynnyrch a oedd yn gynhenid i wlad, ond fe'i defnyddir erbyn hyn mewn ffordd gadarnhaol am bobl sydd wedi eu trwytho yn niwylliant brodorol eu gwlad, ac weithiau yn benodol am gymeriadau gwledig.

Cyd-destun beiblaidd: Wedi i'r Israeliaid groesi'r Iorddonen i Ganaan, dechreusant fwyta o gynnyrch y wlad, a ddisgrifir fel 'hen ŷd y wlad' am nad hwy a'i tyfodd. Cyn gynted ag y dechreusant wneud bara o'r ŷd hwnnw, peidiodd y manna, sef y 'bara' goruwchnaturiol y buont yn dibynnu arno yn yr anialwch. (Gweler hefyd y cofnod 'Manna'.)

> **Josua 5:10–12**
> *A meibion Israel a wersyllasant yn Gilgal: a hwy a gynaliasant y Pasg, ar y pedwerydd dydd ar ddeg o'r mis, brynhawn, yn rhosydd Jericho. A hwy a fwytasant o hen ŷd y wlad, drannoeth wedi'r Pasg, fara croyw, a chras ŷd, o fewn corff y dydd hwnnw. A'r manna a beidiodd drannoeth wedi iddynt fwyta o hen ŷd y wlad; a manna ni chafodd meibion Israel mwyach, eithr bwytasant o gynnyrch gwlad y Canaaneaid y flwyddyn honno.* (Ar 'fara croyw', gweler y cofnod 'Blaenffrwyth'.)

◆ Hidlo gwybedyn a llyncu camel

Defnydd cyfoes: Rhoi sylw gormodol i fanion tra'n anwybyddu'r hyn sy'n wirioneddol bwysig ac arwyddocaol. Defnyddir dau hanner yr ymadrodd ar wahân weithiau, yn ogystal â chyda'i gilydd.

Cyd-destun beiblaidd: Ymosodiad ffraeth Iesu ar ymddygiad y Phariseaid ac arbenigwyr yn y gyfraith. Ei gŵyn oedd eu bod yn rhoi sylw mawr i bethau dibwys, megis 'degymu'r mintys, a'r anis, a'r cwmin' a beth yn union na ddylid ei wneud ar y Saboth, ar draul rhoi sylw i bethau pwysig megis cyfiawnder, trugaredd a ffyddlondeb (Mathew 23:23). (Gw. hefyd y cofnod 'Degymu'r mintys a'r cwmin'.)

> **Mathew 23:24**
> *Tywysogion deillion, y rhai ydych yn hidlo gwybedyn, ac yn llyncu camel.*

◆ Holl gyrrau'r ddaear

Defnydd cyfoes: Ffiniau eithaf y ddaear; eithafion y byd. (Lluosog 'cwr' yw 'cyrrau'; ystyr 'cwr' yw 'ffin, terfyn, ymyl'.)

Cyd-destun beiblaidd: Yn Salm 65 mae'r Salmydd yn datgan bod bendithion Duw yn ymestyn i belleroedd eithaf y ddaear.

> **Salm 65:5**
> *Atebi i ni trwy bethau ofnadwy, yn dy gyfiawnder, O Dduw ein hiachawdwriaeth; gobaith holl gyrrau y ddaear, a'r rhai sydd bell ar y môr.*
> **Eseia 45:22**
> *Trowch eich wynebau ataf fi, holl gyrrau y ddaear, fel y'ch achuber: canys myfi wyf Dduw, ac nid neb arall,*

◆ (Yr) Hwn nid adnabuasai mo Joseff

Defnydd cyfoes: Ymddwyn mewn ffordd angharedig neu greulon, sy'n dangos fod cymwynas a wnaed yn y gorffennol wedi ei hanghofio.

Cyd-destun beiblaidd: Aeth cannoedd o flynyddoedd heibio oddi ar i'r patriarch Jacob a'i deulu ymsefydlu yn yr Aifft, lle yr oedd ei fab, Joseff, wedi dod yn brif gynorthwyydd brenin yr Aifft (y Pharo) ac achub y wlad rhag newyn (Genesis 41). Erbyn Exodus 1 roedd llinach newydd o frenhinoedd yn teyrnasu yno na wyddai ddim am gymwynasau mawr Joseff i bobl yr Aifft a'u brenin. Bellach, mewnfudwyr oedd wedi mynd yn rhy niferus oedd yr Israeliaid, disgynyddion Jacob, ac roeddent yn agored i gael eu cam-drin a'u defnyddio fel caethweision.

> **Exodus 1:8**
> *Yna y cyfododd brenin newydd yn yr Aifft, yr hwn nid adnabuasai mo Joseff.*

◆ Ieuo'n anghymharus

Defnydd cyfoes: Cysylltu neu gyplysu ynghyd ddau berson neu ddau beth nad ydynt yn cydweddu â'i gilydd mewn gwirionedd.

Cyd-destun beiblaidd: Paul yn annog Cristnogion Corinth i fod yn wyliadwrus yn eu hymwneud â'r di-gred, rhag ofn iddynt gael eu denu at eilunaddoliaeth. Defnyddir yr adnod yn aml i gynghori Cristion i beidio â phriodi rhywun di-gred. Daw'r ddelwedd o fyd amaeth, lle y gosodir iau ar war dau neu ragor o anifeiliaid (ychen neu geffylau fel arfer) er mwyn iddynt dynnu pethau ar y cyd. Os na chydweddai'r anifeiliaid â'i gilydd o ran maint neu gyflymder, byddai hynny'n achosi problemau. (Gweler hefyd y cofnod 'Dan yr iau'.)

> **2 Corinthiaid 6:14**
> *Na ieuer chwi yn anghymharus gyda'r rhai di-gred; canys pa gyfeillach sydd rhwng cyfiawnder ac anghyfiawnder? a pha gymundeb rhwng goleuni a thywyllwch?*

◆ Is na'r angylion

Defnydd cyfoes: Dywed Huw Jones yn ei gyfrol *Y Gair yn ei Bryd* mai defnydd negyddol sydd i'r ymadrodd fel rheol, gan edliw ffaeledigrwydd rhywun yn hytrach na'i ddyrchafu fel yn y cyd-destun beiblaidd.

Cyd-destun beiblaidd: Mae Salm 8 yn mynegi safle a chyfrifoldeb aruchel y ddynoliaeth yn y greadigaeth. Rydym ond ychydig is na'r angylion neu'r 'bodau nefol' (beibl.net). Mae Hebreaid 2:5–9 yn cymhwyso Salm 8:5 i'r Arglwydd Iesu Grist.

Salm 8:5
Canys gwnaethost ef ychydig is na'r angylion, ac a'i coronaist â gogoniant ac â harddwch.

◆ Jiwbili

Defnydd cyfoes: Dathliad o arwyddocâd arbennig – gan amlaf 25 neu 50 mlynedd.

Cyd-destun beiblaidd: Mae deddf jiwbili Israel yn Lefiticus 25 yn eithriadol o radical yn economaidd. Bob hanner canfed flwyddyn roedd pob teulu yn Israel a gollodd eu tir i'w gael yn ôl. Y nod oedd dychwelyd i'r sefyllfa gychwynnol, pan rannwyd y tir rhwng y llwythau a'u teuluoedd ar ôl concro gwlad Canaan. Nid oes fawr o dystiolaeth i bobl Israel gadw'r ddeddf hon, a fyddai wedi dileu tlodi parhaol o'r tir, ond gwireddir y ddelfryd hon pan amlygir teyrnas Dduw yn ei chyflawnder. (Gweler hefyd y cofnodion 'Cydio maes wrth faes' a 'Rhai esmwyth arnynt yn Seion'.)

Lefiticus 25:10
A sancteiddiwch y ddegfed flwyddyn a deugain, a chyhoeddwch ryddid yn y wlad i'w holl drigolion: jiwbili fydd hi i chwi; a dychwelwch bob un i'w etifeddiaeth, ie, dychwelwch bob un at ei deulu.

◆ Jwdas

Defnydd cyfoes: Person sy'n ymddangos yn rhinweddol neu yn un y gellir dibynnu arno, ond sydd mewn gwirionedd yn barod i fradychu ei gyfaill agosaf er mantais bersonol.

Cyd-destun beiblaidd: Roedd Jwdas Iscariot yn un o ddeuddeg disgybl arbennig Iesu, ond yn gyfnewid am 30 darn arian arweiniodd filwyr yr archoffeiriad i arestio Iesu yng ngardd Gethsemane (Mathew 26).

> **Mathew 10:2–4**
> *Ac enwau'r deuddeg apostolion yw'r rhai hyn: Y cyntaf, Simon, yr hwn a elwir Pedr, ac Andreas ei frawd; Iago mab Sebedeus, ac Ioan ei frawd; Philip, a Bartholomeus; Thomas, a Mathew y publican; Iago, mab Alffeus, a Lebeus, yr hwn a gyfenwid Thadeus; Simon y Canaanead, a Jwdas Iscariot, yr hwn hefyd a'i bradychodd ef.*

◆ Lefain yn y blawd

Defnydd cyfoes: Dywed *Geiriadur Prifysgol Cymru* fod y gair 'lefain' yn cael ei ddefnyddio'n ffigurol i olygu 'dylanwad ymledol a holltreiddiol sy'n gweithio'n ddirgel (er da neu er drwg) gan beri trawsffurfiad llwyr a hollol'.

Cyd-destun beiblaidd: Yn y Beibl gall 'lefain' gyfeirio at ddylanwad da neu ddrwg. Weithiau defnyddir y gair 'surdoes' yn ei le. (Gweler hefyd y cofnod 'Blaenffrwyth'.)

> **Galatiaid 5:9**
> *Y mae ychydig lefain yn lefeinio'r holl does.*
> **Mathew 13:33**
> *Dameg arall a lefarodd efe wrthynt; Cyffelyb yw teyrnas nefoedd i surdoes, yr hwn a gymerodd gwraig, ac a'i cuddiodd mewn tri phecaid o flawd, hyd oni surodd y cwbl.*

◆ Lladd y llo pasgedig

Defnydd cyfoes: Dangos croeso eithriadol o hael.

Cyd-destun beiblaidd: Dameg y Mab Afradlon yn Luc 15 lle y gorchmynnodd y tad cariadus ladd y llo pasgedig (hynny yw, y llo a oedd wedi ei besgi neu ei dewychu ar gyfer ei fwyta) i ddathlu dychweliad ei fab afradlon o'r wlad bell. Stori yw hon sy'n cynnwys darlun o ras rhyfeddol Duw y Tad tuag at bechaduriaid sy'n dychwelyd ato. (Gweler hefyd y cofnod 'Mab afradlon'.)

> **Luc 15:23**
> A dygwch y llo pasgedig, a lleddwch ef; a bwytawn, a byddwn lawen.

◆ Llaesu dwylo

Defnydd cyfoes: Colli diddordeb neu fynd yn ddifater ynghylch rhywbeth. Gall fod elfen o ddiogi neu ddigalondid ynghlwm wrth hynny. (Ystyr 'llaesu' yw 'mynd yn llac; gollwng gafael; gwanychu, diffygio'.)

Cyd-destun beiblaidd: Yn 2 Cronicl 15, digwydd yr ymadrodd yn rhan o anogaeth y proffwyd Asareia i'r brenin Asa a'i bobl i beidio â digaloni ond parhau i ddilyn yr Arglwydd a dileu eilunaddoliaeth o'r tir. Yn Llyfr y Pregethwr 10 cyfeiria at ddifaterwch ynglŷn â chyflwr ein tai.

> **2 Cronicl 15:7**
> Ymgryfhewch gan hynny, ac na laesed eich dwylo: canys y mae gwobr i'ch gwaith chwi.
>
> **Pregethwr 10:18**
> Trwy ddiogi lawer yr adfeilia yr adeilad; ac wrth laesu y dwylo y gollwng y tŷ ddefni. (Ystyr 'defni' yw 'dafnau, diferion'.)

◆ Llafur cariad

Defnydd cyfoes: Gwaith caled sy'n cael ei wneud yn llawen, heb ddisgwyl unrhyw wobr amdano.

Cyd-destun beiblaidd: Gan mai 1 Thesaloniaid yw llythyr cynharaf Paul yn y Testament Newydd, dyma'r tro cyntaf iddo sôn am ffydd, gobaith a chariad fel rhinweddau canolog Cristnogaeth. Roedd wedi clywed am 'lafur' eu cariad, sef eu bod yn mynd i drafferth di-ben-draw i sicrhau bod eraill yn derbyn iachawdwriaeth trwy Iesu Grist.

> **1 Thesaloniaid 1:3**
> *Gan gofio yn ddi-baid waith eich ffydd chwi, a llafur eich cariad, ac ymaros eich gobaith yn ein Harglwydd Iesu Grist, gerbron Duw a'n Tad.*

◆ Llaw flewog

Defnydd cyfoes: I gyfeirio at leidr.

Cyd-destun beiblaidd: Hanes Jacob yn lladrata bendith ei frawd Esau. Nid yw'r union ymadrodd yn digwydd yn y Beibl, ond mae'n tarddu o'r hanes yn Genesis 27 lle y mae Isaac am fendithio ei fab hynaf, Esau, a oedd yn ddyn blewog iawn. Roedd Isaac erbyn hynny yn hen ac yn ddall, a chynllwyniodd ei wraig Rebeca â'i hoff fab hi, Jacob, a oedd yn llyfn ei groen, i dwyllo Isaac i roi bendith Esau i Jacob trwy wisgo croen blewog gafr am ei ddwylo.

> **Genesis 27:22–23**
> *A nesaodd Jacob at Isaac ei dad: yntau a'i teimlodd; ac a ddywedodd, Y llais yw llais Jacob; a'r dwylo, dwylo Esau ydynt. Ac nid adnabu efe ef, am fod ei ddwylo fel dwylo ei frawd Esau, yn flewog: felly efe a'i bendithiodd ef.*

◆ Llawn o ddyddiau

Defnydd cyfoes: Rhywun sydd wedi cyrraedd aeddfedrwydd neu oedran mawr.

Cyd-destun beiblaidd: Fel y dywed Huw Jones yn ei gyfrol *Y Gair yn ei Bryd*, 'Idiom cwbl Iddewig yw "llawn o ddyddiau", yn golygu "mewn oed" neu "mewn gwth o oedran".' Amrywiad ar yr ymadrodd yw 'cyflawn o ddyddiau'. (Gweler hefyd y cofnod 'Gwth o oedran'.)

> **Genesis 35:29**
> Ac Isaac a drengodd, ac a fu farw, ac a gasglwyd at ei bobl, yn hen, ac yn gyflawn o ddyddiau: a'i feibion, Esau a Jacob, a'i claddasant ef.
> **1 Cronicl 23:1**
> A phan oedd Dafydd yn hen, ac yn llawn o ddyddiau, efe a osododd Solomon ei fab yn frenin ar Israel.

◆ Lle bynnag y bo'r gelain, yno y casgl yr eryrod

Defnydd cyfoes: Fel dihareb. Os bydd anffawd yn rhoi cyfle i rywrai ymelwa, ni fyddant yn hir cyn dod i fanteisio ar y cyfle hwnnw. (Ystyr 'celain' yw 'corff marw'.)

Cyd-destun beiblaidd: Mae Iesu yn defnyddio'r ddihareb hon yng nghyd-destun ei Ail Ddyfodiad i farnu pawb, wrth bwysleisio'r sicrwydd y bydd hynny'n digwydd. Yn Mathew 24 dywed y bydd ei ddyfodiad i farnu yn amlwg, heb unrhyw amheuaeth: pan fydd fwlturiaid (sy'n gyfieithiad gwell nag 'eryrod') yn troelli yn yr awyr, nid oes amheuaeth bod ysglyfaeth ar y ddaear. Yn Luc 17:37 mae'r pwyslais yn fwy ar y farn ei hun: lle y mae corff marw (sef pechod), mae'r fwlturiaid (sef y farn) yn sicr o ddod.

Mathew 24:28
Canys pa le bynnag y byddo'r gelain, yno yr ymgasgl yr eryrod.

◆ Lle nid oes weledigaeth

Defnydd cyfoes: Heb amcanion nac arweinyddiaeth glir a phendant bydd unrhyw sefydliad neu ymgymeriad yn siŵr o fethu.

Cyd-destun beiblaidd: Mae'r ymadrodd yn digwydd yn Diarhebion 29:18. Yno mae 'gweledigaeth' yn cyfeirio'n benodol at weledigaeth neu neges gan broffwyd. Felly yr ystyr yw, lle nad oes datguddiad clir gan Dduw y mae'r bobl yn methu (neu yn llythrennol, 'mae'r bobl yn rhedeg yn wyllt'): nid oes ganddynt syniad i ba gyfeiriad i fynd.

Diarhebion 29:18
Lle ni byddo gweledigaeth, methu a wna y bobl: ond y neb a gadwo y gyfraith, gwyn ei fyd ef.

◆ Llef ddistaw fain

Defnydd cyfoes: Cyfarwyddyd neu arweiniad sy'n dod mewn ffordd dawel a digyffro.

Cyd-destun beiblaidd: Hanes Eleias yn dianc i fynydd Horeb (sef Sinai) rhag llid y frenhines ddrwg Jesebel, ar ôl ei fuddugoliaeth ysgytwol dros broffwydi'r gau-dduw Baal ar fynydd Carmel (1 Brenhinoedd 18). Wedi gweld nad oedd Duw yn y corwynt na'r ddaeargryn na'r tân a aeth heibio iddo ar y mynydd, clywodd Eleias 'lef ddistaw fain'. Sylweddolodd fod Duw yn y llef ddistaw, ac yn sgil hynny cafodd ei yrru yn ôl gan Dduw i gyflawni gwaith pwysig ar ei ran. (Gweler hefyd y cofnod 'Plygu glin(iau) i Baal'.)

1 Brenhinoedd 19:12–13
*Ac ar ôl y ddaeargryn, tân; ond nid oedd yr A*RGLWYDD *yn y tân: ac ar ôl y tân, llef ddistaw fain. A phan glybu Eleias, efe a oblygodd ei wyneb yn ei fantell, ac a aeth allan, ac a safodd wrth ddrws yr ogof. Ac wele lef yn dyfod ato, yr hon a ddywedodd, Beth a wnei di yma, Eleias?* (Ystyr 'clybu' yw 'clywodd', ac ystyr 'goblygu' yw 'plygu; lapio; gorchuddio'.)

◆ Llef yn y diffeithwch

Defnydd cyfoes: Arddel safbwynt sy'n cael dim sylw gan eraill, waeth pa mor frwd bynnag y bydd ei ladmerydd.

Cyd-destun beiblaidd: Rôl arbennig Ioan Fedyddiwr yn hanes yr iachawdwriaeth oedd paratoi'r ffordd ar gyfer Iesu, y Meseia. Yn Mathew 3 mae Ioan yn cymhwyso iddo ei hun eiriau proffwydoliaeth Eseia 40:3 am ddyfodiad y Meseia.

Mathew 3:1–3
Ac yn y dyddiau hynny y daeth Ioan Fedyddiwr, gan bregethu yn niffeithwch Jwdea, a dywedyd, Edifarhewch: canys nesaodd teyrnas nefoedd. Oblegid hwn yw efe yr hwn y dywedwyd amdano gan Eseias y proffwyd, gan ddywedyd, Llef un yn llefain yn y diffeithwch, Paratowch ffordd yr Arglwydd; gwnewch yn union ei lwybrau ef.

◆ Llifeirio o laeth a mêl

Defnydd cyfoes: Cyflwr o ffyniant economaidd.

Cyd-destun beiblaidd: Duw yn galw Moses, o'r berth oedd yn llosgi ond heb ei difa, i arwain ei bobl Israel o gaethiwed yr

Aifft. Disgrifiad o ben eu taith, ar ôl dianc o'r Aifft, yw gwlad 'yn llifeirio o laeth a mêl', sef gwlad lle y byddai digonedd ar eu cyfer. (Gweler hefyd y cofnod 'Gwlad yr Addewid'.)

Exodus 3:8
A mi a ddisgynnais i'w gwaredu hwy o law yr Eifftiaid, ac i'w dwyn o'r wlad honno i wlad dda a helaeth, i wlad yn llifeirio o laeth a mêl; i le y Canaaneaid, a'r Hethiaid, a'r Amoriaid, a'r Pheresiaid, yr Hefiaid hefyd, a'r Jebusiaid.

◆ Llwch a lludw

Defnydd cyfoes: Distadledd a dinodedd person, yn arbennig gerbron Duw. (Gweler hefyd y cofnod 'Llwch y llawr'.)

Cyd-destun beiblaidd: Abraham yn Genesis 18 yn eiriol gerbron yr Arglwydd am drugaredd i Sodom. Roedd Duw eisoes wedi dweud na fyddai'n dinistrio'r ddinas pe bai 50 o bobl gyfiawn ynddi. Wrth ddyfalbarhau i eiriol mae Abraham yn cydnabod mor ddinod ydyw o'i gymharu â'r Arglwydd, mai o bridd y ddaear y crëwyd ef (Genesis 2:7, 3:19). Fel y gwelir yn Job 42:6, daeth eistedd yn llythrennol mewn llwch a lludw yn arwydd gweledig o edifeirwch ac o ymddarostwng gerbron Duw. (Gweler hefyd y cofnodion 'Mewn sachliain a lludw' a 'Sodom a Gomorra'.)

Genesis 18:27
Ac Abraham a atebodd, ac a ddywedodd, Wele yn awr y dechreuais lefaru wrth fy Arglwydd, a mi yn llwch ac yn lludw.

Job 42:5–6
Myfi a glywais â'm clustiau sôn amdanat: ond yn awr fy llygad a'th welodd di. Am hynny y mae yn ffiaidd gennyf fi fy hun; ac yr ydwyf yn edifarhau mewn llwch a lludw.

◆ Llwch y llawr

Defnydd cyfoes: Mynegiant o ddistadledd a dinodedd, yn arbennig gerbron Duw. (Gweler hefyd y cofnod 'Llwch a lludw'.)

Cyd-destun beiblaidd: Ceir adlais yn Salm 103 o'r disgrifiad o hanes creu'r ddynoliaeth: 'A'r ARGLWYDD DDUW a luniasai y dyn o bridd y ddaear, ac a anadlasai yn ei ffroenau ef anadl einioes: a'r dyn a aeth yn enaid byw' (Genesis 2:7). Yr un gair Hebraeg yw 'pridd' yn Genesis 2 a 'llwch' yn y Salm hon. Wrth gofio hanes creu dyn o 'bridd [neu lwch] y ddaear', cam hawdd oddi yno yw sôn amdano fel 'llwch y llawr', fel ar ddiwedd y pennill 'Dyma Geidwad i'r colledig' gan yr emynydd mawr o'r 18fed ganrif, Morgan Rhys: 'Diolch iddo fyth am gofio llwch y llawr.'

> **Salm 103:14**
> *Canys efe a edwyn ein defnydd ni: cofia mai llwch ydym.*

◆ Llwybr cul

Defnydd cyfoes: Bywyd rhinweddol.

Cyd-destun beiblaidd: Y Bregeth ar y Mynydd, lle y mae Iesu'n pwysleisio mai dim ond dwy ffordd sydd gennym i ddewis rhyngddynt: y ffordd lydan sy'n arwain i ddistryw neu'r ffordd gul sy'n arwain i fywyd. Fel yn achos yr ymadrodd 'llwch y llawr', y syniad a ddaeth yn rhan o'r iaith yn hytrach nag union eiriad y Beibl, oherwydd 'ffordd' ac nid 'llwybr' sydd ym 'Meibl William Morgan'; ac eto fel 'llwch y llawr', mae'n bur debyg mai emynwyr y 18fed ganrif a fu'n bennaf cyfrifol am boblogeiddio 'llwybr cul', fel yn emyn Williams Pantycelyn, 'Cul yw'r llwybyr imi gerdded ...', ac un Morgan Rhys, 'Gwnes addunedau fil/ I gadw'r llwybyr cul,/ Ond ffaelu'r wy'...'

> **Mathew 7:14**
> *Oblegid cyfyng yw'r porth, a chul yw'r ffordd, sydd yn arwain i'r bywyd; ac ychydig yw'r rhai sydd yn ei chael hi.*

◆ Llyfu'r llwch

Defnydd cyfoes: Ymgreinio'n wasaidd (ac weithiau'n llythrennol i olygu syrthio'n fflat ar lawr).

Cyd-destun beiblaidd: Yn Salm 72 cawn ddisgrifiad o natur llywodraeth brenin cyfiawn. Gwireddir hyn pan ddaw'r Meseia, sef Iesu, i lywodraethu. Bryd hynny bydd ei elynion, sy'n llywodraethu'n anghyfiawn, wedi eu concro'n llwyr ac yn 'llyfu'r llwch'.

> **Salm 72:9**
> *O'i flaen ef yr ymgryma trigolion yr anialwch: a'i elynion a lyfant y llwch.*

◆ Llygad am lygad

Defnydd cyfoes: Cosb sy'n cyfateb i'r drosedd.

Cyd-destun beiblaidd: Digwydd yr ymadrodd yn y rhan o'r Bregeth ar y Mynydd lle y mae Iesu'n herio traddodiadau crefyddwyr ei ddydd. Nid tanseilio'r egwyddor gyfreithiol bwysig y dylai cosb weddu i'r drosedd a wna Iesu yno, ond gwrthweithio'r meddylfryd dialgar hwnnw sy'n sicrhau bod gelyniaeth rhwng pobl yn parhau.

Mathew 5:38
Clywsoch ddywedyd, Llygad am lygad, a dant am ddant.

◆ Mab afradlon

Defnydd cyfoes: Rhywun sy'n gwastraffu adnoddau trwy fyw yn ofer ac yn anghyfrifol.

Cyd-destun beiblaidd: Dameg Iesu am ddau fab. Yr ieuengaf oedd y 'mab afradlon' a hawliodd ei etifeddiaeth tra oedd ei dad yn dal yn fyw, gan fynd yn bell oddi cartref a gwario ei etifeddiaeth ar ei fwynhau ei hun heb feddwl am yfory. Pan ddaeth ei arian i ben, diflannodd y 'cyfeillion' a oedd wedi ei helpu i'w wario. Yn ei argyfwng daeth ato'i hun a phenderfynu mynd adref at ei dad, lle y cafodd groeso gwresog, er mawr dramgwydd i'r mab hynaf a oedd wedi aros gartref gyda'u tad. Dywedodd Iesu'r stori hon i ddangos ei fod yn croesawu pawb sy'n dod ato'n edifeiriol, er bod y Phariseaid parchus (yn debyg i'r 'mab hynaf') yn cwyno am hynny (Luc 15:1–2). (Gweler hefyd y cofnodion 'Byw'n afradlon', 'Dod ato ei hun', 'Gwlad bell' a 'Lladd y llo pasgedig'.)

Luc 15:13
Ac ar ôl ychydig ddyddiau y mab ieuangaf a gasglodd y cwbl ynghyd, ac a gymerth ei daith i wlad bell; ac yno efe a wasgarodd ei dda, gan fyw yn afradlon.

◆ Maen melin am wddf

Defnydd cyfoes: Unrhyw faich trwm – economaidd neu seicolegol – sy'n orthrwm ac yn rhwystr i'r sawl sy'n ei gario.

Cyd-destun beiblaidd: Cwestiwn y disgyblion i Iesu am bwy sydd fwyaf yn nheyrnas nefoedd (Mathew 18:1). Ateb Iesu oedd galw plentyn bach ato a dweud, 'Os na newidiwch chi i fod fel plant bach, fyddwch chi byth yn un o'r rhai mae'r Un nefol yn teyrnasu yn eu bywydau. Felly, pwy bynnag sy'n gweld ei hun yn fach, fel y plentyn yma, ydy'r pwysica yn nheyrnas yr Un nefol. Ac mae pwy bynnag sy'n rhoi croeso i blentyn bach fel yma am ei fod yn perthyn i mi, yn rhoi croeso i mi' (beibl.net). Gan hynny mae arwain ar gyfeiliorn blentyn sy'n credu yn Iesu, neu oedolyn sydd wedi ymddarostwng iddo fel plentyn, yn weithred sy'n haeddu barn hallt iawn.

Mathew 18:6
A phwy bynnag a rwystro un o'r rhai bychain hyn a gredant ynof fi, da fyddai iddo pe crogid maen melin am ei wddf, a'i foddi yn eigion y môr.

◆ Maen tramgwydd a chraig rhwystr

Defnydd cyfoes: Peth sy'n medru baglu neu rwystro rhywun mewn unrhyw agwedd ar fywyd.

Cyd-destun beiblaidd: Y proffwyd Eseia yn rhybuddio teyrnasoedd Israel a Jwda y byddai Duw yn dwyn dinistr arnynt am ddibynnu ar anghredinwyr i'w hamddiffyn. I'r rhai a fyddai'n derbyn rhybudd y proffwyd, byddai Duw ei hun yn noddfa iddynt. Ond i'r rhai a fyddai'n gwrthod ac yn anwybyddu'r maen neu'r graig a osodwyd ar eu llwybr, byddent yn baglu ac yn syrthio i'w dinistr. Y darlun yn 1 Pedr 2:8 yw un o gredinwyr fel 'meini bywiol' mewn teml ysbrydol, a Christ yn 'bengonglfaen'. I'r credinwyr y mae Crist 'yn urddas' (gwerthfawr), ond mae 'yn faen tramgwydd, ac yn graig rhwystr, i'r rhai sydd yn tramgwyddo wrth y gair, gan fod yn anufudd'.

Eseia 8:13–14
*A*RGLWYDD *y lluoedd ei hun a sancteiddiwch; a bydded efe yn ofn i chwi, a bydded efe yn arswyd i chwi: ac efe a fydd yn noddfa; ond yn faen tramgwydd ac yn graig rhwystr i ddau dŷ Israel, yn fagl ac yn rhwyd i breswylwyr Jerwsalem.*
Rhufeiniaid 9:33
Megis y mae yn ysgrifenedig, Wele fi yn gosod yn Seion faen tramgwydd, a chraig rhwystr: a phob un a gredo ynddo ni chywilyddir.

◆ **Malu ewyn**

Defnydd cyfoes: Mynd yn wyllt neu'n gynddeiriog ynglŷn ag unrhyw fater.

Cyd-destun beiblaidd: Iesu'n rhyddhau rhywun a oedd yn gaeth i ysbryd mud a byddar ar ôl i'w ddisgyblion fethu gwneud hynny (Marc 9:17–29). Yn Marc 9:20, cyfieithiad beibl.net o'r ymadrodd 'malu ewyn' ym 'Meibl William Morgan' yw 'glafoerio o'i geg'.

Marc 9:20
A hwy a'i dygasant ef ato. A phan welodd ef, yn y man yr ysbryd a'i drylliodd ef; a chan syrthio ar y ddaear, efe a ymdreiglodd, dan falu ewyn.

◆ **Mam yn Israel**

Defnydd cyfoes: Gwraig rinweddol sy'n gwneud cyfraniad sylweddol er lles i'w chymuned.

Cyd-destun beiblaidd: Y patrwm arferol yn Llyfr y Barnwyr yw bod anffyddlondeb Israel yn arwain at ormes gan ryw elyn; yna pan fydd Israel y troi ac yn galw ar Dduw, mae'n codi arweinydd (barnwr) i'w harwain i ryddhad o'u gormes. Yn Barnwyr 4 mae Jabin, brenin Canaan, a Sisera, tywysog ei lu, yn gormesu Israel. Gwraig o'r enw Debora, a ddisgrifir fel proffwydes a barnwr, oedd prif arweinydd Israel yn y fuddugoliaeth a gafwyd dros Sisera, a Barac oedd tywysog llu Israel yn y frwydr (Barnwyr 4:1–17). Yn Barnwyr 5 cawn Gân Debora a Barac yn dathlu eu buddugoliaeth. Mae Barnwyr 5:7 yn disgrifio'r gorthrwm yr oedd Israel yn ei ddioddef nes i Dduw godi Debora i fod 'yn fam yn Israel'. Yn debyg i fam yn gofalu am ei phlant, arweiniodd Debora Israel yn ôl at Dduw a'i gwneud yn bosibl iddynt daflu iau gormes Jabin a Sisera oddi ar eu gwar.

Barnwyr 5:7
Y maestrefi a ddarfuant yn Israel: darfuant, nes i mi, Debora, gyfodi; nes i mi gyfodi yn fam yn Israel.

◆ **Mamon**

Defnydd cyfoes: Cyfoeth materol; arian, a'r hyn y gall arian ei brynu.

Cyd-destun beiblaidd: Yr adran o'r Bregeth ar y Mynydd lle y mae Iesu'n trafod ein hagwedd at bethau materol (Mathew 6:19–24): a yw ein trysor yn y nef neu ar y ddaear; a yw ein llygaid 'yn syml' (hynny yw, yn haelionus) neu 'yn ddrwg' (hynny yw, yn hunanol neu'n drychwantus); a ydym yn gwasanaethu Duw neu famon. Yn y dywediad am Dduw a mamon (sef arian, cyfoeth materol), darlunnir mamon fel meistr y gallwn ddewis ei wasanaethu – ond os dewiswn wneud hynny yr ydym o reidrwydd yn troi ein cefn ar wasanaethu Duw. Mae'r dywediad yn berthnasol iawn i'n hoes faterol ni, oblegid arian, heb os, yw un o brif dduwiau'r oes. (Gweler hefyd y cofnodion 'Plant y byd hwn' a 'Gwasanaethu dau arglwydd'.)

Mathew 6:24
Ni ddichon neb wasanaethu dau arglwydd; canys naill ai efe a gasâ y naill, ac a gâr y llall; ai efe a ymlŷn wrth y naill, ac a esgeulusa'r llall. Ni ellwch wasanaethu Duw a mamon.

◆ Mân lwch y cloriannau

Defnydd cyfoes: Peth hollol ddibwys o'i gymharu â'r hyn sy'n wirioneddol bwysig.

Cyd-destun beiblaidd: Y disgrifiad urddasol o fawredd aruthrol Duw yn Eseia 40. Mae'n cymharu'r cenhedloedd i'r llwch sy'n weddill yn y glorian ar ôl i rywbeth gael ei bwyso – peth nad yw'r prynwr na'r gwerthwr yn poeni amdano. Roedd hwn yn ddywediad trawiadol ar y pryd, yn oes Eseia, ond mae'n fwy trawiadol byth yng ngoleuni ein gwybodaeth ni heddiw am faintioli anhygoel y bydysawd.

Eseia 40:15
Wele, y cenhedloedd a gyfrifwyd fel defnyn o gelwrn, ac fel mân lwch y cloriannau; wele, fel brycheuyn y cymer efe yr ynysoedd i fyny. ('Diferyn mewn bwced' yw cyfieithiad beibl.net o 'defnyn o gelwrn'.)

◆ Manna o'r nefoedd

Defnydd cyfoes: Rhodd wirioneddol fendithiol sy'n cael ei roi heb ei hennill ac yn gwbl annisgwyl.

Cyd-destun beiblaidd: Hanes taith hir yr Israeliaid trwy'r anialwch o gaethiwed yr Aifft i wlad Canaan. Mewn ymateb i gŵyn yr Israeliaid yn erbyn Moses ac Aaron eu bod yn llwgu yn yr anialwch, rhoddodd Duw 'dipynnau crynion cyn faned â'r llwydrew ar y ddaear' (neu yng nghyfieithiad beibl.net, 'rhyw stwff tebyg i haen denau o farrug yn gorchuddio'r anialwch'; Exodus 16:14). Gan nad oedd gan yr Israeliaid syniad beth ydoedd, galwasant ef 'manna', sy'n golygu 'Beth yw hyn?' Ond gallent ei gasglu a'i falu i wneud bara, a pharhaodd y manna i ymddangos bob dydd ond ar y Saboth am y deugain mlynedd y bu'r Israeliaid yn crwydro'r anialwch. (Gweler hefyd y cofnod 'Hen ŷd y wlad'.) Mae Iesu'n dweud ei fod ef wedi cyflawni ystyr y manna gan mai ef yw'r 'gwir fara o'r nef' sydd 'yn rhoddi bywyd i'r byd' (Ioan 6:30–35).

> **Exodus 16:14–15**
> *A phan gododd y gaenen wlith, wele ar hyd wyneb yr anialwch dipynnau crynion cyn faned â'r llwydrew ar y ddaear. Pan welodd meibion Israel hynny, hwy a ddywedasant wrth ei gilydd, Manna yw: canys ni wyddent beth ydoedd. A dywedodd Moses wrthynt, Hwn yw y bara a roddodd yr* Arglwydd *i chwi i'w fwyta.*

◆ (Y) Meddyg iachâ dy hun

Defnydd cyfoes: Wrth sôn am rywun sy'n rhoi cyngor pendant i weithredu mewn ffordd arbennig, ond sy'n anwybyddu'r cyngor hwnnw yn ei achos ei hunan.

Cyd-destun beiblaidd: Dihareb a ddefnyddiodd Iesu i ddisgrifio ymateb pobl Nasareth, y dref y magwyd ef ynddi, i'w weinidogaeth ef yno. Cwynent y tu ôl i'w gefn nad oedd yn gwneud cynifer o wyrthiau yn Nasareth ag yn nhref gyfagos Capernaum a'i fod, felly, yn gwneud cam â nhw. Rhoddodd Iesu'r bai am y diffyg gwyrthiau ar eu diffyg ffydd ynddo, am eu bod yn meddwl eu bod yn ei adnabod yn rhy dda (gweler hefyd Marc 6:4–6). (Gweler hefyd y cofnod 'Proffwyd heb anrhydedd'.)

Luc 4:23
Ac efe a ddywedodd wrthynt, Yn hollol y dywedwch y ddihareb hon wrthyf, Y meddyg, iachâ di dy hun: y pethau a glywsom ni eu gwneuthur yng Nghapernaum, gwna yma hefyd yn dy wlad dy hun.

◆ Mewn amser ac allan o amser

Defnydd cyfoes: Bob cyfle posibl, hyd yn oed os yw'n ymddangos yn anghyfleus.

Cyd-destun beiblaidd: Paul yn annog Timotheus i gyhoeddi'r gwirionedd am yr Arglwydd Iesu Grist fel iachawdwr a barnwr y byw a'r meirw (2 Timotheus 4:1), hyd yn oed pan fyddai pobl yn amharod i wrando arno.

2 Timotheus 4:2
Pregetha'r gair; bydd daer mewn amser, allan o amser; argyhoedda, cerydda, annog gyda phob hirymaros ac athrawiaeth.

◆ Mewn sachliain a lludw

Defnydd cyfoes: Mynegi edifeirwch gwirioneddol am ryw weithred.

Cyd-destun beiblaidd: Y gwrthdaro a ddatblygodd rhwng Haman, un o brif gynghorwyr Ahasferus, brenin Persia, a Mordecai yr Iddew, a oedd hefyd yn swyddog i'r brenin. Er i'r brenin orchymyn y dylai ei holl swyddogion ymgrymu i Haman, gwrthododd Mordecai wneud hynny. Yn ei gasineb, llwyddodd Haman i berswadio Ahasferus i basio deddf a fyddai'n caniatáu, ar ryw ddiwrnod arbennig, i unrhyw un yn ei ymerodraeth i ymosod ar unrhyw Iddew, ei ladd a dwyn ei feddiannau. Pan glywodd Mordecai am hyn, mynegodd ei alar dwys mewn ffordd nodweddiadol o'r Dwyrain Canol yn ei ddydd: aeth allan wedi ei wisgo mewn dillad garw, rhoi lludw ar ei ben a llefain yn uchel o achos y ddeddf a oedd yn caniatáu lladd a difetha ei bobl. Yn y Testament Newydd mae Iesu'n defnyddio'r ymadrodd wrth ddisgrifio calon-galedwch pobl Galilea, a oedd wedi gweld ei wyrthiau ond wedi gwrthod troi at Dduw mewn edifeirwch (Mathew 11:21). (Gweler hefyd y cofnod 'Llwch a lludw'.)

Esther 4:1
Pan wybu Mordecai yr hyn oll a wnaethid, Mordecai a rwygodd ei ddillad, ac a wisgodd sachliain a lludw, ac a aeth allan i ganol y ddinas, ac a waeddodd â chwerw lef uchel.

Mathew 11:21
Gwae di, Chorasin! gwae di, Bethsaida! canys pe gwnelsid yn Nhyrus a Sidon y gweithredoedd nerthol a wnaethpwyd ynoch chwi, hwy a edifarhasent er ys talm mewn sachliain a lludw.

◆ Mi a briodais wraig

Defnydd cyfoes: Esgus a ddefnyddir i wrthod gwahoddiad.

Cyd-destun beiblaidd: Dameg y Wledd Fawr a lefarodd Iesu mewn ymateb i ddatganiad gan rywun a eisteddai wrth y bwrdd gydag ef, fod y sawl a fyddai'n cael cyfrannu o'r wledd yn nheyrnas Dduw yn wynfydedig (Luc 14:15). Dywedodd Iesu stori am ddyn a baratôdd wledd fawr i lawer o wahoddedigion. Yna anfonodd was i ddweud wrth y gwahoddedigion fod popeth yn barod. Er mawr siom iddo, y cyfan a gafodd oedd esgusodion ganddynt pam na allent ddod i'r wledd. 'Mi a briodais wraig' oedd un o'r esgusodion gwag hynny. Ymateb y dyn hael oedd anfon ei was i'r strydoedd i wahodd y 'tlodion, a'r anafus, a'r cloffion, a'r deillion'. Nid oedd angen llawer o berswâd arnynt hwy i ddod i wledd! Ar ôl casglu holl anffodusion y dref roedd lle i ychwaneg o hyd, felly anfonwyd y gwas 'i'r priffyrdd a'r caeau' (neu 'allan o'r ddinas, i'r ffyrdd a'r lonydd yng nghefn gwlad' yng nghyfieithiad beibl.net) i gasglu rhagor nes bod y tŷ yn llawn – gan ei gwneud yn amhosibl i'r gwahoddedigion gwreiddiol ddod, hyd yn oed pe baent yn newid eu meddwl. Casglwn o'r ddameg fod pob esgus i wrthod gwahoddiad Duw yn eithriadol o wan, bod Duw yn ei haelioni yn gwahodd pob math o bobl i'w deyrnas, ond y daw dydd pan fydd yn rhy hwyr i dderbyn y gwahoddiad.

Luc 14:20
Ac arall a ddywedodd, Mi a briodais wraig; ac am hynny nis gallaf fi ddyfod.

◆ (Y) Mil blynyddoedd

Defnydd cyfoes: Fel y dywed Huw Jones yn ei gyfrol *Y Gair yn ei Bryd*, defnyddir yr ymadrodd i ddisgrifio 'cyfnod delfrydol, neu sefyllfa wynfydedig'.

Cyd-destun beiblaidd: Yn Llyfr y Datguddiad y ceir yr unig sôn yn y Beibl am y 'mil blynyddoedd', sef cyfnod arbennig ymhlith y gyfres o ddigwyddiadau sy'n gysylltiedig â diwedd y byd. Bu'r milflwyddiant, ei natur a'i amseriad, yn bwnc dadleuol dros y blynyddoedd. Yng nghanol y dadlau anghofir yn aml mai prif bwrpas y cyfeiriad at y mil blynyddoedd yw pwysleisio buddugoliaeth lwyr Iesu y Meseia a'i bobl dros Satan a'i ddylanwad yn y byd.

Datguddiad 20:2
Ac efe a ddaliodd y ddraig, yr hen sarff, yr hon yw Diafol a Satan, ac a'i rhwymodd ef dros fil o flynyddoedd.

◆ Mor hyfryd yw trigo o frodyr ynghyd

Defnydd cyfoes: Y profiad dymunol o fod mewn 'cwmni hoff cytûn'.

Cyd-destun beiblaidd: Ymhyfrydu yn undod yr Iddewon fel pobl Dduw a wna Salm 133, sef ffynhonnell yr ymadrodd. Gyda dychweliad yr Iddewon i Jerwsalem ar ôl eu halltudiaeth hir yn y gaethglud ym Mabilon, gallent brofi eto'r hyfrydwch o ddod ynghyd i addoli Duw yn y deml newydd yn Jerwsalem. Cyflawnwyd ystyr y deml a'i defodau gan yr Arglwydd Iesu Grist; felly, i'r rhai sy'n credu yn Iesu Grist a'i aberth drostynt, hyfrydwch yw dod ynghyd i'w addoli a'i wasanaethu yn ein bywyd bob dydd. Ceir yr un syniad yn emyn Emrys (William Ambrose; 1813–73), 'O! mor hoff yw cwmni'r brodyr'. 'Pobl Dduw' yn hytrach na 'brodyr' sydd yng nghyfieithiad beibl.net, er mwyn pwysleisio mai cwmni cyd-Gristnogion yn gyffredinol a olygir, ac nid gwrywod yn unig.

> **Salm 133:1**
> *Wele mor ddaionus ac mor hyfryd yw trigo o frodyr ynghyd!*

◆ Mynwes Abraham

Defnydd cyfoes: Y nefoedd, pen taith y crediniwr.

Cyd-destun beiblaidd: Dameg Iesu am y Gŵr Goludog a Lasarus. Mae'r stori'n dechrau gyda disgrifiad o fywyd moethus y dyn cyfoethog a bywyd truenus Lasarus y dyn tlawd a oedd yn cardota wrth ddrws y dyn cyfoethog. Er na allai beidio â'i weld, ni wnaeth y dyn cyfoethog ddim i leddfu trueni Lasarus. Yna bu farw Lasarus, ac am ei fod yn credu yn Nuw cafodd ei 'ddwyn gan yr angylion i fynwes Abraham'. Abraham yw tad credinwyr yn y Beibl (gweler Galatiaid 3:6–9), ac mae bod yn ei fynwes yn cyfleu'r syniad o blentyn yn gorffwys ar fynwes ei dad. Mae 'pwyso ar fynwes' hefyd yn cyfleu eistedd neu led-orwedd yn agos at rywun wrth fwrdd bwyd neu mewn gwledd (gweler Ioan 13:23). Gwledd yw un o hoff ddarluniau'r Beibl o deyrnas Duw, ac roedd Lasarus wedi ei ddyrchafu i ymyl Abraham yn y wledd. Pan fu farw'r dyn cyfoethog, cafodd ei hun yn Hades a bwlch na ellid ei groesi rhyngddo a Lasarus. Gofynnodd i Abraham yrru Lasarus – yr un a anwybyddodd yn ei drueni ar y ddaear – i'w helpu yn ei drueni mawr ei hun yn Hades; ond roedd hynny'n amhosibl. Adroddodd Iesu'r stori hon yng nghlyw rhai 'ariangar' (Luc 16:14). Mae'n rhybudd i rai sy'n byw iddynt eu hunain gan ddiystyried amgylchiadau pobl eraill, ac yn anogaeth i gyfoethogion roi eu bryd ar Dduw a'i drysor tragwyddol a defnyddio eu harian i wasanaethu'r tlawd a'r anghenus.

Luc 16:22
A bu, i'r cardotyn farw, a'i ddwyn gan yr angylion i fynwes Abraham. A'r goludog hefyd a fu farw, ac a gladdwyd.

◆ Na fernwch yn ôl y golwg

Defnydd cyfoes: Anogaeth i beidio â bod yn arwynebol wrth roi barn ar rywun neu rywbeth.

Cyd-destun beiblaidd: Dadl Iesu a'r awdurdodau crefyddol yn Jerwsalem am ddeddf y Saboth. Gwyrth Iesu yn iacháu dyn nad oedd wedi gallu cerdded ers 38 mlynedd oedd achos y tyndra. Roedd Iesu wedi gorchymyn i'r claf godi a cherdded, a chario adref y matras roedd yn gorwedd arno, a hynny ar y Saboth. Roedd yr arweinwyr Iddewig mor ddig gyda Iesu am wneud hyn nes iddynt ddechrau cynllwynio i'w ladd (Ioan 5:1–16). Aeth Iesu i'r afael â'r arweinwyr Iddewig o flaen tyrfa fawr yn y deml ar ei ymweliad nesaf â Jerwsalem. Ei ddadl oedd bod ganddynt raddfa o egwyddorion cyfreithiol a oedd yn eu galluogi weithiau i gyfiawnhau torri un gyfraith er mwyn cyflawni cyfraith arall a oedd yn cynrychioli egwyddor uwch. Enghraifft Iesu yw cyfraith enwaedu bachgen ar yr wythfed dydd: pe bai'r wythfed dydd yn syrthio ar y Saboth, deddf enwaedu oedd i gael y flaenoriaeth. Dadl Iesu yw y dylent weithredu egwyddor debyg yn achos ei wyrth ef: dylent wrthod barnu yn ôl y golwg (yn arwynebol) a sylweddoli bod iacháu dyn a oedd wedi bod yn dioddef gyhyd, a'i orchymyn i gario ei fatras ar y Saboth, yn enghraifft o weithredu cyfraith uwch.

> **Ioan 7:24**
> *Na fernwch wrth y golwg, eithr bernwch farn gyfiawn.*

◆ Na wyped dy law aswy

Defnydd cyfoes: Rhoi elusen yn ddirgel, heb geisio dwyn sylw at y rhoddwr.

Cyd-destun beiblaidd: Yr adran o'r Bregeth ar y Mynydd lle y mae Iesu'n trafod sut i gyflawni'r dyletswyddau crefyddol o roi elusen, gweddïo ac ymprydio (Mathew 6:1–18). Os yw rhywun i gael budd o gyflawni'r dyletswyddau hyn, rhaid iddo beidio â dymuno unrhyw glod iddo ei hun. Yn achos rhoi elusen (sef rhoi i'r tlawd a'r anghenus), mae Iesu'n defnyddio ymadrodd trawiadol sy'n dweud na ddylid 'gadael i'r llaw chwith wybod beth mae'r llaw dde yn ei wneud', gan ychwanegu, 'Dylai pob rhodd fod yn gyfrinach. Bydd dy Dad sy'n gweld pob cyfrinach, yn rhoi dy wobr i ti' (beibl.net).

> **Mathew 6:3–4**
> *Eithr pan wnelych di elusen, na wyped dy law aswy pa beth a wna dy law ddeau; fel y byddo dy elusen yn y dirgel: a'th Dad yr hwn a wêl yn y dirgel, efe a dâl i ti yn yr amlwg.* (Ystyr 'aswy' yw 'chwith'.)

◆ Nac adroddwch yn Gath

Defnydd cyfoes: Anogaeth i beidio â dweud wrth eraill am rywbeth mwy anffafriol na'i gilydd.

Cyd-destun beiblaidd: Daw'r ymadrodd o alarnad Dafydd pan glywodd fod Saul a'i fab Jonathan, ffrind gorau Dafydd, wedi cael eu lladd mewn brwydr yn erbyn y Philistiaid. Dinasoedd y Philistiaid oedd Gath ac Ascelon, ac nid oedd Dafydd am i'r newyddion am fuddugoliaeth y Philistiaid eu cyrraedd, oblegid na fedrai ddioddef meddwl am ferched y dinasoedd hynny'n gorfoleddu bod Saul a Jonathan wedi eu lladd. (Gweler hefyd y cofnod 'Pa fodd y cwympodd y cedyrn?')

> **2 Samuel 1:20**
> *Nac adroddwch hyn yn Gath; na fynegwch yn heolydd Ascalon: rhag llawenychu merched y Philistiaid, rhag gorfoleddu o ferched y rhai dienwaededig.*

◆ Nac oer na brwd

Defnydd cyfoes: Ymateb llugoer neu ddifater i unrhyw bwnc.

Cyd-destun beiblaidd: Y llythyr at yr olaf o'r saith eglwys yn Llyfr y Datguddiad, penodau 2 a 3, sef yr eglwys yn Laodicea. Dyma'r eglwys a oedd yn y sefyllfa fwyaf argyfyngus o'r saith: nid oedd yn brwydro yn erbyn pechod (oer) nac yn ceisio sancteiddrwydd (brwd, poeth); yn hytrach roedd hi'n fodlon yn ei chyfoeth materol (claear). Byddai darllenwyr gwreiddiol y llythyr wedi deall y darlun o chwydu allan yr eglwys honno am nad oedd yn oer na phoeth, fel cyfeiriad at ddŵr Laodicea o'i gymharu â dŵr dinasoedd cyfagos Colosae a Hierapolis. Roedd gan Colosae gyflenwad o ddŵr oer da ac yn Hierapolis roedd ffynhonnau poeth a ddenai bobl o bell i brofi eu rhin iachusol. Ond roedd problemau yn achos cyflenwad dŵr Laodicea: o'i flasu, ni ellid gwneud dim ond ei boeri allan.

> **Datguddiad 3:15–16**
> Mi a adwaen dy weithredoedd di, nad ydwyt nac oer na brwd: mi a fynnwn pe bait oer neu frwd. Felly, am dy fod yn glaear, ac nid yn oer nac yn frwd, mi a'th chwydaf di allan o'm genau.

◆ Newyddion da o lawenydd mawr

Defnydd cyfoes: Wrth dderbyn newyddion da iawn.

Cyd-destun beiblaidd: Rhan o'r neges am enedigaeth Iesu gan yr angel wrth fugeiliaid a oedd yn gwylio defaid yn y bryniau ger Bethlehem, 'dinas Dafydd'. Dyma'r newyddion gorau a gyhoeddwyd erioed, sef bod yr Arglwydd Dduw wedi ei eni'n ddyn i fod yn Geidwad (neu'n Achubwr); bod Crist (y Meseia, eneiniog Duw) wedi dod. A bydd y newyddion hynny, fel y dywed cyfieithiad beibl.net, 'yn gwneud pobl ym mhobman yn llawen iawn'.

> **Luc 2:10–11**
> A'r angel a ddywedodd wrthynt, Nac ofnwch: canys wele, yr wyf fi yn mynegi i chwi newyddion da o lawenydd mawr, yr hwn a fydd i'r holl bobl: canys ganwyd i chwi heddiw Geidwad yn ninas Dafydd, yr hwn yw Crist yr Arglwydd.

◆ Nid ar fara'n unig

Defnydd cyfoes: Ni allwn fwynhau bywyd yn llawn ar sail pethau materol yn unig.

Cyd-destun beiblaidd: Yr hanes am Iesu'n cael ei demtio gan y diafol ar ôl ymprydio yn yr anialwch am ddeugain niwrnod. Temtiodd y diafol Iesu i ddefnyddio ei nerth goruwchnaturiol i foddhau ei chwant bwyd ei hunan – chwant a fyddai wedi bod yn real iawn ar ôl ddeugain niwrnod o ymprydio – yn hytrach nag aros am ddarpariaeth a chyfarwyddyd ei Dad Nefol. Defnyddiodd Iesu adnod o Lyfr Deuteronomium yn yr Hen Destament sy'n cyfeirio at y ffordd y bwydodd Duw genedl Israel â manna yn ystod eu deugain mlynedd yn yr anialwch, i wrthod y demtasiwn ac i bwysleisio i'w ddilynwyr mor bwysig yw'r Hen Destament fel gair Duw. (Gweler hefyd y cofnod 'Manna o'r nefoedd'.)

> **Deuteronomium 8:3**
> *Ac efe a'th ddarostyngodd, ac a oddefodd i ti newynu, ac a'th fwydodd â manna, yr hwn nid adwaenit, ac nid adwaenai dy dadau; fel y gwnâi efe i ti wybod nad trwy fara yn unig y bydd byw dyn, ond trwy bob gair a'r sydd yn dyfod allan o enau yr* ARGLWYDD *y bydd byw dyn.*
>
> **Mathew 4:3–4**
> *A'r temtiwr pan ddaeth ato, a ddywedodd, Os mab Duw wyt ti, arch i'r cerrig hyn fod yn fara. Ac yntau a atebodd ac a ddywedodd, Ysgrifennwyd, Nid trwy fara yn unig y bydd byw dyn, ond trwy bob gair a ddaw allan o enau Duw.*

◆ O Dan i Beersheba

Defnydd cyfoes: O'r naill ben i'r wlad i'r llall; y wlad gyfan. (Cymharer yr ymadroddion 'O Gaergybi i Gaerdydd' ac 'O Fôn i Fynwy'.)

Cyd-destun beiblaidd: Yn amser Llyfr y Barnwyr, Dan oedd y dref fwyaf gogleddol yn Israel a Beersheba oedd y fwyaf deheuol. Felly pan oedd cynulliad o bobl Israel yn cynnwys pobl o'r ddau begwn yna – a hefyd o Gilead tua'r dwyrain o'r Iorddonen – golygai hynny fod holl Israel wedi dod ynghyd. Dyma enghraifft brin yn hanes Israel o undod y genedl.

> **Barnwyr 20:1**
> *Yna holl feibion Israel a aethant allan; a'r gynulleidfa a ymgasglodd ynghyd fel un dyn, o Dan hyd Beerseba, a gwlad Gilead, at yr* Arglwydd, *i Mispa.*

◆ O enau plant bychain

Defnydd cyfoes: Dywed Huw Jones yn ei gyfrol *Y Gair yn ei Bryd* fod y defnydd 'fel arfer yn gyfystyr â'r ddihareb, "Gan y gwirion ceir y gwir".' Mae plant bach yn aml yn dweud y gwir plaen lle y bydd oedolion yn petruso rhag tramgwyddo.

Cyd-destun beiblaidd: Pwrpas Salm 8 yw dangos mai'r ddynoliaeth yw'r dystiolaeth orau ar y ddaear i ogoniant Duw, a dywedir ymhlith pethau eraill fod lleisiau plant bach a babanod yn dyst i'w nerth a'i fawredd. Yn y Testament Newydd, pan ddaeth awdurdodau'r deml at Iesu i gwyno fod y plant yn gweiddi'n uchel mai ef oedd y Meseia, atebodd Iesu trwy eu cyfeirio at yr adnod hon: 'Oni ddarllenasoch chwi erioed, O enau plant bychain a rhai yn sugno y perffeithiaist foliant?' (Mathew 21:16). Cyfieithiad beibl.net o Salm 8:2 yw: 'Gyda lleisiau plant bach a babanod rwyt yn dangos dy nerth, yn wyneb dy elynion, i roi diwedd ar y gelyn sy'n hoffi dial'; ac meddai nodyn ar yr adnod honno yn *Y Beibl Canllaw* (2015), 'Mae bodolaeth baban bach, er ei wendid, yn tystio i ryfeddod gwaith y Creawdwr ac yn codi cywilydd ar elynion Duw sy'n ymffrostio yn eu "nerth" honedig.'

Salm 8:2
O enau plant bychain a rhai yn sugno y peraist nerth, o achos dy elynion, i ostegu y gelyn a'r ymddialydd.

◆ O nerth i nerth

Defnydd cyfoes: Twf neu lwyddiant sylweddol mewn unrhyw faes.

Cyd-destun beiblaidd: Salm sy'n mawrhau'r profiad o fod ym mhresenoldeb Duw yn y deml yn Jerwsalem yw Salm 84. Mae'r addewid o bresenoldeb Duw yn ysgogiad cryf i fwrw ymlaen 'o nerth i nerth' ar y daith i'r deml. Cyflawnwyd holl arwyddocâd y deml ym mherson yr Arglwydd Iesu Grist, ac felly mae'r addewid o fod ym mhresenoldeb Duw trwy Iesu yn llenwi'r Cristion â nerth.

Salm 84:7
*Ânt o nerth i nerth; ymddengys pob un gerbron D*u*w yn Seion.*

◆ Oed yr addewid

Defnydd cyfoes: 70 mlwydd oed.

Cyd-destun beiblaidd: Nid ymadrodd o'r Beibl yw hwn fel y cyfryw, ond yn hytrach yn gasgliad ar sail Salm 90:10. Gan fod y Salmydd yn nodi yno mai 70 yw 'dyddiau ein blynyddoedd', casglwyd mai 70 yw 'oed yr addewid'. Daw'r adnod hon mewn adran o'r Salm sy'n pwysleisio mai llid Duw yn erbyn drygioni dynion sy'n peri'r ymdeimlad cyffredin, yn enwedig wrth fynd yn hŷn, fod bywyd yn fyr ac yn hedfan heibio. Y nod yw ein hysgogi i droi'n ôl at Dduw a cheisio ei fendith ef. Pan fydd 'prydferthwch yr Arglwydd ein Duw arnom ni' (Salm

90:17), try ein bywyd byr yn un llawn pwrpas, gyda gobaith o barhad hyd dragwyddoldeb.

Salm 90:10
Yn nyddiau ein blynyddoedd y mae deng mlynedd a thrigain: ac os o gryfder y cyrhaeddir pedwar ugain mlynedd, eto eu nerth sydd boen a blinder; canys ebrwydd y derfydd, a ni a ehedwn ymaith. (Ystyr 'ebrwydd' yw 'buan, cyflym'.)

◆ Ogof lladron

Defnydd cyfoes: Unrhyw sefyllfa neu sefydliad sy'n gwneud elw trwy ddulliau diegwyddor, neu unrhyw gyd-destun lle y mae twyll yn cael ei gyflawni, fel arfer gan nifer o bobl ar y cyd. Yn wreiddiol, roedd i'r ymadrodd gysylltiadau crefyddol penodol (camddefnyddio addoldy, manteisio ar addolwyr a'u camarwain, ac yn y blaen) ac mae 'ogof lladron' yn ddisgrifiad da o'r ffordd y mae rhai pobl yn gwneud arian dan fantell crefydd.

Cyd-destun beiblaidd: Iesu'n clirio'r marchnatwyr o'r deml yn fuan ar ôl marchogaeth yn fuddugoliaethus i mewn i Jerwsalem ychydig cyn y Pasg. Roedd awdurdodau'r deml yn defnyddio Cyntedd y Cenhedloedd (sef rhan allanol y deml) i werthu anifeiliaid ac adar ar gyfer yr aberthau. Ond cyn y gallai pobl brynu anifail, roedd raid iddynt newid eu harian i arian y deml, a thalu am gael gwneud hynny. Trwy gymryd mantais o addolwyr, roedd yr awdurdodau – yn arbennig yr archoffeiriad a'i deulu – yn ymgyfoethogi. Gyrrodd Iesu'r marchnatwyr allan, gan eu hatgoffa am yr hyn a ddywedwyd yn yr Hen Destament am droi'r deml, a oedd i fod 'yn dŷ gweddi i'r holl bobloedd' (Eseia 56:7), yn 'lloches lladron' (Jeremeia 7:11).

Marc 11:17
Ac efe a'u dysgodd, gan ddywedyd wrthynt, Onid yw'n ysgrifenedig, Y gelwir fy nhŷ i yn dŷ gweddi i'r holl genhedloedd? ond chwi a'i gwnaethoch yn ogof lladron.

◆ O'i ysgwyddau i fyny yn uwch

Defnydd cyfoes: Rhywun sy'n rhagori ar eraill o ran gallu.

Cyd-destun beiblaidd: Pan aeth Samuel i chwilio am berson addas i fod yn frenin ar Israel, mewn ymateb i gais taer y llwythau, arweiniwyd ef gan Dduw at Saul fab Cis. Un o nodweddion amlwg Saul oedd ei fod yn llythrennol yn dalach o'i ysgwydd i fyny na'r un o'i gyfoedion.

1 Samuel 9:2
Ac iddo ef yr oedd mab, a'i enw Saul, yn ŵr ieuanc, dewisol a glân: ac nid oedd neb o feibion Israel lanach nag ef: o'i ysgwydd i fyny yr oedd yn uwch na'r holl bobl.

◆ (Yr) Olaf a fyddant flaenaf

Defnydd cyfoes: Er nad oes unrhyw awgrym yn y cyd-destun beiblaidd gwreiddiol fod neb yn cael cam, fel y dywed Huw Jones yn ei gyfrol *Y Gair yn ei Bryd*, 'Ar y cyfan, i ni, nid am sefyllfa deg a derbyniol y defnyddir y dywediad, ond, yn hytrach, am sefyllfa neu drefn hollol annheg ac annerbyniol lle mae rhywun yn cael cam.' Wedi dweud hynny, defnyddir yr ymadrodd weithiau hefyd fel gwireb neu fel sylw chwareus neu eironig.

Cyd-destun beiblaidd: Dameg Iesu am y Gweithwyr yn y Winllan. Cyflogodd perchennog y winllan nifer o weithwyr ar ddechrau'r diwrnod gwaith, gan gytuno â hwy ynghylch eu tâl. Dair awr, chwe awr a naw awr yn ddiweddarach cyflogodd ragor o weithwyr. Yna pan nad oedd ond awr ar ôl cyn diwedd y dydd, cyflogodd eraill nad oedd wedi cael gwaith y diwrnod hwnnw, gan eu sicrhau y byddai'n talu iddynt 'beth bynnag fyddo cyfiawn' (Mathew 20:7). Ar ddiwedd y dydd cafodd pob gweithiwr yr un tâl yn union. Pan gwynodd y rhai a oedd wedi gweithio drwy'r dydd fod y rhai a oedd ond wedi gweithio am awr wedi cael yr un tâl â nhw, ymateb y perchennog oedd dweud nad oedd wedi gwneud unrhyw gam â nhw; roeddynt wedi cael eu talu yn unol â'r cytundeb a wnaed rhyngddynt, ac os oedd ef yn dewis bod yn hael wrth y rhai a oedd wedi gweithio am lai o amser, yna ei ddewis ef oedd hynny. Mae'r stori'n pwysleisio'r ffaith bod y Meseia yn trin ei ddisgyblion i gyd yn hollol deg, ac mae agwedd perchennog y winllan at y rhai sy'n ymddangos yn llai haeddiannol yn drosiad am haelioni grasol Duw i bawb. (Gweler hefyd y cofnod 'Pwys a gwres y dydd'.)

> **Mathew 20:16**
> *Felly y rhai olaf fyddant yn flaenaf, a'r rhai blaenaf yn olaf: canys llawer sydd wedi eu galw, ac ychydig wedi eu dewis.*

◆ Olew ar friw

Defnydd cyfoes: Lleddfu poenau siomedigaeth.

Cyd-destun beiblaidd: Dameg y Samariad Trugarog. Mewn sgwrs ag arbenigwr yn y gyfraith Iddewig, cytunodd Iesu fod y gyfraith yn dweud y dylai pawb garu Duw â phob peth sydd ynddo a'i gymydog fel ef ei hun (Luc 10:27). Mae Dameg y Samariad Trugarog yn ymateb i gwestiwn a ofynnodd y cyfreithiwr yn dilyn hynny, sef 'Pwy yw fy nghymydog?' Yn y stori mae lladron yn ymosod ar Iddew a oedd yn teithio o Jerwsalem i Jericho, gan ei adael yn hanner marw ar fin y ffordd. Roedd offeiriad a Lefiad (sef un o'r rhai a fyddai'n cynorthwyo'r offeiriaid yn addoliad y deml) yn cerdded yr un ffordd, ond aethant 'o'r tu arall heibio' heb wneud dim i helpu'r dyn yr ymosodwyd arno. Yna daeth Samariad ar ei draws, un a ystyrid yn elyn i'r Iddew oblegid ei dras. Tosturiodd ef wrth y dyn clwyfedig gan fynd ato a thrin ei glwyfau â'r moddion arferol bryd hynny, sef olew a gwin. Diben y stori oedd dysgu y dylem garu pawb, hyd yn oed ein gelynion (Luc 6:27).

> **Luc 10:33–34**
> *Eithr rhyw Samariad, wrth ymdaith, a ddaeth ato ef: a phan ei gwelodd, a dosturiodd, ac a aeth ato, ac a rwymodd ei archollion ef, gan dywallt ynddynt olew a gwin; ac a'i gosododd ef ar ei anifail ei hun, ac a'i dug ef i'r llety, ac a'i hamgeleddodd. (Ystyr 'amgeleddu' yw 'gofalu am'.)*

◆ Os yr Arglwydd a'i myn

Defnydd cyfoes: Cydnabod bod y dyfodol yn nwylo Duw.

Cyd-destun beiblaidd: Yn ei lythyr mae Iago yn rhybuddio Cristnogion rhag mynd yn rhyfygus wrth feddwl am eu dyfodol. Mae'n iawn gwneud cynlluniau, ond dylent gofio'n ostyngedig fod eu bywyd, sy'n beth brau ar y gorau, yn llaw Duw.

> **Iago 4:15**
> *Lle y dylech ddywedyd, Os yr Arglwydd a'i myn, ac os byddwn byw, ni a wnawn hyn, neu hynny.*

◆ Pa fodd y cwympodd y cedyrn

Defnydd cyfoes: Darostyngiad person o statws uchel, yn aml am resymau moesol neu wleidyddol.

Cyd-destun beiblaidd: Galarnad Dafydd ar ôl derbyn y newyddion trist fod y brenin Saul a'i fab, Jonathan, cyfaill gorau Dafydd, wedi eu lladd wrth frwydro yn erbyn y Philistiaid ym mynydd Gilboa (1 Samuel 31). (Gweler hefyd y cofnod 'Nac adroddwch yn Gath'.)

> **2 Samuel 1:19**
> *O ardderchowgrwydd Israel, efe a archollwyd ar dy uchelfaoedd di: pa fodd y cwympodd y cedyrn!*

◆ Paratoi'r ffordd

Defnydd cyfoes: Ymbaratoi er mwyn medru gwireddu cynllun sy'n galw am weithredu mewn ffordd arbennig neu wahanol.

Cyd-destun beiblaidd: Dyfyniad o Eseia 40:3 sy'n cael ei gymhwyso i waith Ioan Fedyddiwr. Mae Eseia yn proffwydo y bydd Duw yn dychwelyd i fendithio ei bobl Israel ar ôl trychineb cwymp Jerwsalem, dinistrio'r deml a'r gaethglud i Fabilon – y cwbl wedi digwydd oblegid pechod y bobl. Ond mae Duw yn dod i faddau ac adfer, a bydd angen paratoi ffordd unionsyth iddo trwy'r anialwch. Dychwelodd cenedl Israel i Jerwsalem ac ailadeiladu'r deml, ond ni ddatguddiwyd gogoniant yr Arglwydd fel bod pawb trwy'r byd yn ei weld bryd hynny (Eseia 40:5). Cyflawnwyd hyn yn nyfodiad Iesu y Meseia, a Ioan Fedyddiwr a benodwyd i gyhoeddi ei ddyfodiad a pharatoi'r ffordd ar ei gyfer.

Mathew 3:3
Oblegid hwn yw efe yr hwn y dywedwyd amdano gan Eseias y proffwyd, gan ddywedyd, Llef un yn llefain yn y diffeithwch, Paratowch ffordd yr Arglwydd; gwnewch yn union ei lwybrau ef.

◆ Parhaed brawdgarwch

Defnydd cyfoes: Dymuniad y bydd cyfeillgarwch yn parhau, hyd yn oed pan fydd gwahaniaethau yn ei herio.

Cyd-destun beiblaidd: Anogaeth ymarferol i Gristnogion ar ddiwedd y llythyr at yr Hebreaid. Mae'n tanlinellu'r darlun o'r eglwys fel teulu, sef y darlun mwyaf cyffredin ohoni yn y Testament Newydd. Fel y gall y gair 'dyn' gyfeirio at 'y ddynoliaeth' neu 'pobl' yn gyffredinol, felly hefyd yn y cyd-destun hwn, mae 'brawdgarwch' yn golygu 'cariad at gyd-ddyn' neu 'gariad at bobl eraill', ac nid at wrywod yn unig. Cyfieithiad beibl.net o Hebreaid 13:1 yw 'Daliwch ati i garu'ch gilydd fel credinwyr.'

Hebreaid 13:1
Parhaed brawdgarwch.

◆ (Y) Pêr Ganiedydd

Defnydd cyfoes: Fel arfer i gyfeirio at brif emynydd Cymru, William Williams (1717–91) o Bantycelyn.

Cyd-destun beiblaidd: Yr enw a roddir ar y brenin Dafydd oherwydd ei allu nodedig fel salmydd. Roedd hefyd yn gerddor medrus a allai ganu'r delyn (1 Samuel 16:14–23).

2 Samuel 23:1–2
Dyma eiriau diwethaf Dafydd. Dywedodd Dafydd mab Jesse, a dywedodd y gŵr a osodwyd yn uchel, eneiniog DUW Jacob, a pheraidd ganiedydd Israel; Ysbryd yr ARGLWYDD a lefarodd ynof fi, a'i ymadrodd ef oedd ar fy nhafod.

◆ Plant y byd hwn

Defnydd cyfoes: Pobl sydd ddim yn arddel Cristnogaeth.

Cyd-destun beiblaidd: Dameg Iesu am y Goruchwyliwr Anghyfiawn ('Y Fforman Craff' yn beibl.net). Yn y stori mae meistr yn bygwth rhoi'r sac i'w fforman. Ymateb hwnnw oedd mynd at rai o ddyledwyr y meistr a lleihau eu dyled yn y gobaith, pan fyddai'n cael ei ddiswyddo, y byddai ganddo ffrindiau i'w gynnal. Mae hyd yn oed y meistr yn edmygu crafftter y fforman wrth iddo ymdrin â phethau'r byd hwn er ei fantais ei hun. Pwynt Iesu yw y dylai plant y goleuni, neu blant y byd a ddaw, fod mor graff â phlant y byd hwn wrth drafod arian neu'r 'mamon anghyfiawn' (Luc 16:9). Meddai Iesu yng nghyfieithiad beibl.net o'r adnod honno, 'Gwnewch ffrindiau drwy ddefnyddio'ch arian er lles pobl eraill. Pan fydd gynnoch chi ddim ar ôl, bydd croeso i chi yn y nefoedd.' (Gweler hefyd y cofnod 'Mamon'.)

Luc 16:8–9
A'r arglwydd a ganmolodd y goruchwyliwr anghyfiawn, am iddo wneuthur yn gall: oblegid y mae plant y byd hwn yn gallach yn eu cenhedlaeth na phlant y goleuni. Ac yr wyf yn dywedyd i chwi, Gwnewch i chwi gyfeillion o'r mamon anghyfiawn: fel, pan fo eisiau arnoch, y'ch derbyniont i'r tragwyddol bebyll.

◆ Plygu glin i Baal

Defnydd cyfoes: Rhoi i mewn i ddylanwadau drwg.

Cyd-destun beiblaidd: Hanes Eleias ar ôl ei fuddugoliaeth ysgubol dros broffwydi Baal ar fynydd Carmel (1 Brenhinoedd 18). Bu raid iddo ddianc am ei fywyd am fod y frenhines Jesebel yn benderfynol o'i ladd. Yn y diwedd ffodd i fynydd Horeb (Sinai) lle y cyfarfuasai Duw â Moses yn hanes yr Exodus. Ar y ffordd mynegodd Eleias ei anobaith: byddai'n well iddo farw, am ei fod wedi methu troi Israel yn ôl at Dduw (1 Brenhinoedd 19:4). Pan gyrhaeddodd Horeb, ymateb Duw oedd cadarnhau ei alwad i fod yn broffwyd, rhoi gwaith iddo yn ôl yn Israel a'i sicrhau bod o leiaf saith mil o bobl ar ôl yn Israel nad oeddent wedi plygu glin i Baal. (Gweler hefyd y cofnod 'Llef ddistaw fain'.)

> **1 Brenhinoedd 19:18**
> A mi a adewais yn Israel saith o filoedd, y gliniau oll ni phlygasant i Baal, a phob genau a'r nis cusanodd ef.

◆ Pob copa walltog

Defnydd cyfoes: Pawb, pob un yn ddiwahân.

Cyd-destun beiblaidd: Duw yn sicrhau ei bobl y bydd yn siŵr o goncro pob un o'u gelynion.

> **Salm 68:21**
> Duw yn ddiau a archolla ben ei elynion; a chopa walltog yr hwn a rodio rhagddo yn ei gamweddau.

◆ Pob perchen anadl

Defnydd cyfoes: Pawb, pob person byw.

Cyd-destun beiblaidd: Diweddglo Llyfr y Salmau. Yno mae 'pob perchen anadl' yn sicr yn golygu pob bod dynol, ond mae'n debygol hefyd o gynnwys yr anifeiliaid i gyd. (Gweler hefyd y cofnod 'Haleliwia / Aleliwia'.)

> **Salm 150:6**
> Pob perchen anadl, molianned yr ARGLWYDD. Molwch yr ARGLWYDD [= Haleliwia].

◆ Porfa fras / porfeydd gwelltog

Defnydd cyfoes: Yn ffigurol ar gyfer lle neu sefyllfa neu gyflwr dymunol, ffyniannus.

Cyd-destun beiblaidd: Yr enghraifft enwocaf yw Salm 23, lle y mae Duw fel bugail yn arwain ei braidd i orwedd mewn 'porfa hyfryd' (beibl.net).

> **Salm 23:1–2**
> Yr ARGLWYDD yw fy Mugail; ni bydd eisiau arnaf. Efe a wna i mi orwedd mewn porfeydd gwelltog: efe a'm tywys gerllaw y dyfroedd tawel.
>
> **1 Cronicl 4:39–40**
> A hwy a aethant i flaenau Gedor, hyd at du dwyrain y dyffryn, i geisio porfa i'w praidd. A hwy a gawsant borfa fras, a da, a gwlad eang ei therfynau, a heddychlon a thangnefeddus: canys y rhai a breswyliasent yno o'r blaen oedd o Cham.

◆ Profwch bob peth: deliwch yr hyn sydd dda

Defnydd cyfoes: Anogaeth i ystyried pethau'n feirniadol, ac ond dal ar y pethau sydd dda neu fuddiol. Bellach defnyddir yr ymadrodd wrth gyfeirio at bob math o bethau, sy'n ehangach na'r cyd-destun ysbrydol penodol yn y Beibl.

Cyd-destun beiblaidd: Yn yr Eglwys Fore – ac mewn eglwysi Pentecostaidd a Charismataidd heddiw – roedd proffwydo yn gyffredin, sef unigolion yn cyflwyno neges oddi wrth Dduw trwy'r Ysbryd Glân i'r gynulleidfa. Gan ei bod yn bosibl i rai gopïo'r arfer, a chyflwyno proffwydoliaethau nad oeddent o Dduw, mae Paul yn annog Cristnogion i'w 'profi' trwy holi: a yw'r neges yn gyson â'r efengyl a gyhoeddwyd gan Paul; a ddigwyddodd yr hyn roedd y neges yn dweud y byddai'n digwydd. Dim ond y negeseuon hynny a oedd yn 'pasio'r prawf' oedd i'w cofleidio gan yr eglwys.

> **1 Thesaloniaid 5:21**
> *Profwch bob peth: deliwch yr hyn sydd dda.*

◆ Proffwyd heb anrhydedd [yn ei wlad ei hun]

Defnydd cyfoes: Y lle olaf i werthfawrogi cyfraniad nodedig unigolyn mewn rhyw faes neu'i gilydd yw'r man lle y'i magwyd.

Cyd-destun beiblaidd: Iesu'n mynd adref i Nasareth ac yn dysgu yn y synagog lle yr arferai addoli pan oedd yn blentyn. Synnai'r bobl oedd yno at ei ddysgeidiaeth, ond roeddent yn methu gweld y tu hwnt i'r ffaith eu bod yn ei adnabod ef a'i deulu mor dda: roedd ei agosrwydd atynt yn ei gwneud yn anodd iddynt gredu ynddo. Dyna a ysgogodd Iesu i ddweud nad 'yw proffwyd heb anrhydedd, ond yn ei wlad ei hun' (Mathew 13:57; cymharer Marc 6:4 a Luc 4:24). Hyn hefyd a'i gwnaeth yn amhosibl iddo wneud llawer o wyrthiau yn Nasareth (Mathew 13:58). (Gweler hefyd y cofnod '(Y) Meddyg iachâ dy hun'.)

> **Mathew 13:57**
> A hwy a rwystrwyd ynddo ef. A'r Iesu a ddywedodd wrthynt, Nid yw proffwyd heb anrhydedd, ond yn ei wlad ei hun, ac yn ei dŷ ei hun.

◆ Pwll diwaelod

Defnydd cyfoes: Sefyllfa (anodd neu annymunol fel arfer) sy'n ymddangos yn ddiddiwedd; weithiau'n ysgafn am archwaeth bwyd sylweddol.

Cyd-destun beiblaidd: Y darlun yn niwedd Llyfr y Datguddiad o Satan yn cael ei rwymo a'i garcharu am fil o flynyddoedd mewn pwll diwaelod ('pydew diwaelod' yn y Beibl). Mae damcaniaethu di-ben-draw wedi bod am union ystyr y darlun, ond syniad deniadol yw y bydd Satan yn cael ei garcharu am gyfnod cyn diwedd y byd, fel y bydd y newyddion da am Iesu Grist yn cael rhwydd hynt i fendithio'r holl genhedloedd. (Gweler hefyd y cofnod '(Y) Mil blynyddoedd'.)

> **Datguddiad 20:1**
> Ac mi a welais angel yn disgyn o'r nef, a chanddo agoriad y pydew diwaelod, a chadwyn fawr yn ei law.

◆ Pwys a gwres y dydd

Defnydd cyfoes: Gwaith caled a thrwm, neu'r rhan galetaf a thrymaf o unrhyw dasg benodol.

Cyd-destun beiblaidd: Dameg Iesu am y Gweithwyr yn y

Winllan. Cwyn y gweithwyr a oedd wedi gweithio trwy'r dydd – a oedd wedi dwyn 'pwys y dydd, a'r gwres' – oedd bod y rhai a oedd wedi gweithio dim ond am awr wedi cael yr un tâl â hwythau. Nid sefydlu egwyddorion cyflogaeth dda oedd bwriad Iesu, ond dangos ein bod i gyd yn gyfartal lle y mae gras yn y cwestiwn. Derbyn y gras a ddangosodd Duw tuag atom, ym marwolaeth ei Fab Iesu drosom, yw'r unig ffordd i sicrhau ein presenoldeb lle y mae Duw yn teyrnasu. (Gweler hefyd y cofnod '(Yr) Olaf a fyddant flaenaf'.)

Mathew 20:12
Gan ddywedyd, Un awr y gweithiodd y rhai olaf hyn, a thi a'u gwnaethost hwynt yn gystal â ninnau, y rhai a ddygasom bwys y dydd, a'r gwres.

◆ Philistiaid

Defnydd cyfoes: Pobl sydd ddim yn gwerthfawrogi pethau diwylliannol (fel celfyddyd, llenyddiaeth ac yn y blaen), ond sydd â'u bryd yn llwyr ar bethau materol.

Cyd-destun beiblaidd: Mae'n debyg mai ymfudwyr i wlad Canaan o Aegea oedd y Philistiaid yn wreiddiol. Erbyn i'r Israeliaid ymsefydlu yng ngwlad Canaan roedd y Philistiaid wedi eu canoli mewn pum dinas – Gasa, Asdod, Ascalon, Gath ac Ecron – ar yr arfordir rhwng Canaan a'r Aifft, a Chanaaneaid oeddynt erbyn hynny o ran iaith a chrefydd. Yn y goncwest dan arweiniad Josua ni ddisodlwyd y Philistiaid o'r tir (Josua 13:1–3). O gyfnod y barnwyr a thrwy gyfnod y frenhiniaeth buont yn elyn cyson i genedl Israel ac oblegid hynny daethant yn ymgorfforiad o wrthwynebiad paganaidd i grefydd a diwylliant pobl Dduw.

Barnwyr 13:1
A meibion Israel a chwanegasant wneuthur yr hyn oedd ddrwg yng ngolwg yr ARGLWYDD: a'r ARGLWYDD a'u rhoddodd hwynt yn llaw y Philistiaid ddeugain mlynedd.

◆ Rhai esmwyth arnynt yn Seion

Defnydd cyfoes: Rhai sy'n gysurus a hunanfodlon.

Cyd-destun beiblaidd: Proffwydoliaeth Amos. Yn erbyn teyrnas ogleddol Israel y proffwydodd Amos yn bennaf, ond yma mae'n cyhoeddi gwae ar gyfoethogion Seion (Jerwsalem) yn y de hefyd. Roeddent yn byw mewn cyfnod o lwyddiant economaidd, er bod y llwyddiant hwnnw wedi dod trwy anwybyddu cyfraith Duw (a oedd yn erbyn creu stadau mawr) trwy gymryd tir oddi ar gyd-Israeliaid gan eu gwthio i dlodi. (Gweler y cofnod 'Jiwbili'.) Fel llawer o gyfoethogion, dangosent fesur o barch tuag at ddefodau crefyddol, ond yn eu cyfoeth yr oedd eu ffydd mewn gwirionedd, a theimlent eu bod yn hollol ddiogel i ymblesera. Tasg Amos oedd rhoi pìn ym malŵn eu hyder yn eu cyfoeth – peth sydd yr un mor angenrheidiol yn ein dyddiau ni.

Amos 6:1
Gwae y rhai esmwyth arnynt yn Seion, ac sydd yn ymddiried ym mynydd Samaria, y rhai a enwir yn bennaf o'r cenhedloedd, y rhai y daeth tŷ Israel atynt!

◆ Rhedeg yr yrfa

Defnydd cyfoes: Byw bywyd rhinweddol, a hynny hyd y diwedd.

Cyd-destun beiblaidd: Yn Hebreaid 12 ceir darlun o ddilynwyr Iesu fel athletwyr yn rhedeg ras mewn stadiwm sy'n llawn tyrfa ('cwmwl') o wylwyr sydd wedi dyfalbarhau ac eisoes wedi cyrraedd diwedd y ras – y rhai y soniwyd amdanynt yn Hebreaid 11. Mae eu hesiampl yn annog yr athletwyr i ddal ati a gwrthod 'y pechod sy'n denu'n sylw ni mor hawdd' (beibl.net); a'r ffordd i wneud hynny yw trwy edrych ar Iesu – y 'pencampwr a'r hyfforddwr sy'n perffeithio ein ffydd ni' (beibl.net) – a redodd yr yrfa yn llwyddiannus o'u blaen ac sydd bellach yn eistedd yn fuddugoliaethus ar ddeheulaw Duw'r Tad. (Gweler hefyd y cofnodion 'Cyrchu at y nod' a 'Cwmwl tystion'.)

> **Hebreaid 12:1–2**
> *Oblegid hynny ninnau hefyd, gan fod cymaint cwmwl o dystion wedi ei osod o'n hamgylch, gan roi heibio bob pwys, a'r pechod sydd barod i'n hamgylchu, trwy amynedd rhedwn yr yrfa a osodwyd o'n blaen ni; gan edrych ar Iesu, Pen-tywysog a Pherffeithydd ein ffydd ni; yr hwn, yn lle'r llawenydd a osodwyd iddo, a ddioddefodd y groes, gan ddiystyru gwaradwydd, ac a eisteddodd ar ddeheulaw gorseddfainc Duw.*

◆ (Y) Rheol euraid

Defnydd cyfoes: Trin eraill fel y byddech chi'n dymuno iddynt eich trin chi.

Cyd-destun beiblaidd: Nid yw'r ymadrodd yn digwydd yn y Beibl, ond fe'i defnyddir gan Gristnogion i gyfeirio at ddysgeidiaeth Iesu yn y Bregeth ar y Mynydd (Mathew 7:12) ac mewn mannau eraill, megis yn Nameg y Samariad Trugarog (Luc 10:25–37). Gweler hefyd Lefiticus 19:18, Rhufeiniaid 13:9 a Galatiaid 5:14. Yn Iago 2:8 yr enw a roddir ar y gorchymyn 'Câr dy gymydog fel ti dy hun' yw 'y gyfraith frenhinol'.

Mathew 7:12
Am hynny pa bethau bynnag oll a ewyllysioch eu gwneuthur o ddynion i chwi, felly gwnewch chwithau iddynt hwy; canys hyn yw'r gyfraith a'r proffwydi.

Galatiaid 5:14
Canys yr holl ddeddf a gyflawnir mewn un gair, sef yn hwn; Câr dy gymydog fel ti dy hun.

◆ Rhoi ar ben y ffordd

Defnydd cyfoes: Hyfforddi person i wneud tasg benodol, ac yn arbennig un a fydd yn gaffaeliad iddynt am weddill eu bywyd.

Cyd-destun beiblaidd: Mae'r adnod yn Diarhebion yn awgrymu bod gan bob plentyn 'ei ffordd' unigryw ac y dylai rhieni neu athrawon gymryd i ystyriaeth gymeriad a gallu plentyn wrth ei ddysgu sut i fyw. Mae gan rieni Cristnogol gyfrifoldeb i feithrin eu plant mewn ffordd sensitif 'yn addysg ac athrawiaeth yr Arglwydd' (Effesiaid 6:4).

Diarhebion 22:6
Hyfforddia blentyn ym mhen ei ffordd; a phan heneiddio nid ymedy â hi.

◆ Rhoi i fyny'r ysbryd

Defnydd cyfoes: Marw, yn achos person neu anifail; neu weithiau (yn eironig) i fynegi bod rhywbeth wedi torri neu ddod i ben, er enghraifft peiriant neu fwriad.

Cyd-destun beiblaidd: Y disgrifiad o'r foment y bu Iesu farw ar y groes, sy'n cadarnhau'r hyn a ddywedodd yn Ioan 10:18: 'Does neb yn cymryd fy mywyd oddi arna i; fi fy hun sy'n dewis rhoi fy mywyd yn wirfoddol. Mae gen i'r gallu i'w roi a'r gallu i'w gymryd yn ôl eto' (beibl.net). Rhoi ei fywyd yn aberth drosom a wnaeth Iesu a chodi'n fyw eto ar fore'r atgyfodiad.

> **Ioan 19:30**
> Yna pan gymerodd yr Iesu'r finegr, efe a ddywedodd, Gorffennwyd: a chan ogwyddo ei ben, efe a roddes i fyny yr ysbryd. (Amrywiad ar 'rhoddodd' yw 'rhoddes'.)

◆ Rhoi llaw ar yr aradr

Defnydd cyfoes: Dechrau ar dasg sy'n galw am ganolbwyntio dwys.

Cyd-destun beiblaidd: Ymateb Iesu i gwestiynau darpar ddisgyblion. Mae'r dywediad yn Luc 9:62 yn ymateb i'r un a ddywedodd wrtho yn yr adnod flaenorol, 'Gwna i dy ddilyn di, Arglwydd; ond gad i mi fynd i ffarwelio â'm teulu gyntaf' (beibl.net). Gwelodd hwn yn glir y byddai dilyn Iesu yn golygu newid radical yn ei berthynas â'i deulu: ei ansicrwydd am y newid hwn oedd yn gyrru ei ddymuniad i fynd i ffarwelio â nhw. Ymateb Iesu oedd dweud bod ei ddilyn ef yn debyg i aredig ag ychen. Os am lwyddo i droi cwys syth a thaclus, rhaid canolbwyntio'n llwyr ar yr aradr a'r ychen: byddai edrych yn ôl yn arwain at llanastr llwyr!

> **Luc 9:62**
> A'r Iesu a ddywedodd wrtho, Nid oes neb a'r sydd yn rhoi ei law ar yr aradr, ac yn edrych ar y pethau sydd o'i ôl, yn gymwys i deyrnas Dduw.

◆ Rhoi llinyn mesur

Defnydd cyfoes: Mesur safon llwyddiant unrhyw fenter, ymdrech neu bolisi.

Cyd-destun beiblaidd: Proffwydoliaeth Jeremeia. Mae Jeremeia yn adnabyddus fel proffwyd barn. Cyhoeddodd farn, a bu'n dyst i'r farn oblegid anwybyddwyd ei rybuddion. Dinistriwyd Jerwsalem gan luoedd Nebuchodonosor (Nebuchadnesar) a chaethgludwyd nifer fawr o boblogaeth Israel, ond gadawyd Jeremeia gyda'r gweddill yn Jwda. Ond mae Jeremeia hefyd yn broffwyd gobaith. Ym mhennod 31 mae'n cyhoeddi nad y gaethglud fydd diwedd hanes Israel. Bydd Duw yn sefydlu cyfamod newydd â'i bobl a byddant yn dychwelyd o'r gaethglud ac yn ailadeiladu Jerwsalem. Dyna pryd y bydd angen 'llinyn mesur' i ailadeiladu'r waliau. Fe ailadeiladwyd Jerwsalem, ond ni chyflawnwyd y broffwydoliaeth am gyfamod newydd tan ddyfodiad Iesu Grist, sydd trwy ei Ysbryd yn rhoi cyfraith Duw yn ein calonnau ac yn ei hysgrifennu ar ein meddyliau (Jeremeia 31:31–34).

> **Jeremeia 31:39**
> A'r llinyn mesur a â allan eto ar ei gyfer ef, ar fryn Gareb, ac a amgylcha hyd Goath.

◆ Rhyngu bodd

Defnydd cyfoes: Plesio, gweld yn dda

Cyd-destun beiblaidd: Defnyddir 'rhyngu bodd' nifer o weithiau yn y Beibl, ac yn arbennig yn y Testament Newydd. Mae'r adnod isod yn dod o'r rhan o lythyr Paul at y Colosiaid lle y mae'n trafod bywyd mewn cartrefi Cristnogol. Mae'n plesio'r Arglwydd pan fydd plant yn ufudd i'w rhieni.

Colosiad 3:20
Y plant, ufuddhewch i'ch rhieni ym mhob peth: canys hyn sydd yn rhyngu bodd i'r Arglwydd yn dda.

◆ Samariad trugarog

Defnydd cyfoes: Rhywun sy'n gymorth ymarferol mewn sefyllfa o angen.

Cyd-destun beiblaidd: Gweler y cofnod 'Olew ar friw'.

◆ (Y) Sawl nid yw gyda ni sydd yn ein herbyn

Defnydd cyfoes: Rhagdybiaeth bod y sawl sy'n amharod i'n cefnogi ni mewn rhyw fater, mewn gwirionedd yn ein herbyn ar y mater hwnnw.

Cyd-destun beiblaidd: Iesu'n ymateb i rai a honnai mai trwy nerth Beelsebub (Beelsebwl), pennaeth y cythreuliaid, yr oedd Iesu wedi bwrw allan gythraul a oedd yn gwneud rhyw ddyn yn fud. Ymateb Iesu yw dweud ei bod yn amhosibl i un sy'n awgrymu'r fath beth fod o'i blaid ef.

Luc 11:23
Y neb nid yw gyda mi, sydd yn fy erbyn: a'r neb nid yw yn casglu gyda mi, sydd yn gwasgaru.

◆ Sefyll yn yr adwy / bwlch

Defnydd cyfoes: Meddai Huw Jones yn ei gyfrol *Y Gair yn ei Bryd*, 'Bod o gymorth mewn argyfwng yw "sefyll yn yr adwy", dod rhwng rhywun neu rywbeth a pherygl.' Ystyr 'adwy' yw 'bwlch', fel y gwelwn yn yr alwad yn araith enwog Emrys

Wledig yn nrama Saunders Lewis, *Buchedd Garmon* (1937): 'Deuwch ataf i'r adwy,/ Sefwch gyda mi yn y bwlch,/ Fel y cadwer i'r oesoedd a ddêl y glendid a fu.'

Cyd-destun beiblaidd: Yn Eseciel 22 methiant brenhinoedd Jwda sydd mewn golwg: trwy eu methiant i amddiffyn y tlawd gadawsant fwlch mawr ('adwy') i farn Duw ddod ar y bobl. Yn Eseciel 13 methiant y proffwydi a bwysleisir: gan eu bod yn siarad ar eu liwt eu hunain ac nid yn rhoi gair Duw i'r bobl, roeddent yn agor bwlch i anufudd-dod a barn. Yn Salm 106 cyfeirir at Moses fel un a safodd yn yr adwy wrth iddo eiriol dros Israel ar ôl iddynt droi at eilunod ac ymgrymu i'r llo aur. (Gweler y cofnod 'Addoli'r llo aur'.)

> **Eseciel 22:30**
> *Ceisiais hefyd ŵr ohonynt i gau y cae, ac i sefyll ar yr adwy o'm blaen dros y wlad, rhag ei dinistrio; ac nis cefais.*
> **Eseciel 13:5**
> *Ni safasoch yn yr adwyau, ac ni chaeasoch y cae i dŷ Israel, i sefyll yn y rhyfel ar ddydd yr Arglwydd.*
> **Salm 106:23**
> *Am hynny y dywedodd y dinistriai efe hwynt, oni buasai i Moses ei etholedig sefyll ar yr adwy o'i flaen ef; i droi ymaith ei lidiowgrwydd ef, rhag eu dinistrio.*
> (Ystyr 'llidiowgrwydd' yw 'dicter'.)

◆ Sodom a Gomorra

Defnydd cyfoes: Man lle y mae drygioni'n teyrnasu'n agored ac yn ei holl rym.

Cyd-destun beiblaidd: Dwy ddinas oedd Sodom a Gomorra a ddinistriwyd oblegid eu drygioni diarhebol yn amser Abraham. Yn Genesis 19 mae'r ffocws ar eu pechodau rhywiol, ond dyma a ddywedir am Sodom yn Eseciel 16:49 (yng nghyfieithiad beibl.net): 'Drwg dy chwaer Sodom oedd ei bod hi'n mwynhau byw'n foethus, yn gorfwyta, yn gwbl ddi-hid ac yn gwneud dim i helpu pobl dlawd oedd mewn angen.' (Gweler hefyd y cofnod 'Tân a brwmstan'.)

> **Genesis 19:24**
> *Yna yr* Arglwydd *a lawiodd ar Sodom a Gomorra frwmstan a thân oddi wrth yr* Arglwydd, *allan o'r nefoedd.*

◆ Swmbwl yn y cnawd

Defnydd cyfoes: Rhywbeth neu rywun sy'n peri poen ddibaid.

Cyd-destun beiblaidd: Paul yn sôn wrth Gristnogion Corinth am y profiadau rhyfeddol a gafodd o ogoniant Duw. Dywed iddo gael ei gipio i baradwys lle y clywodd eiriau 'anhraethadwy, y rhai nad yw gyfreithlon i ddyn eu hadrodd' (2 Corinthiaid 12:4). Er hyn i gyd, roedd rhyw wendid yn ei gorff y gwrthododd Duw ei symud neu ei iacháu – er i Paul bledio am ryddhad, fel y gwelwn yn 2 Corinthiaid 12:8–9: 'Dw i wedi pledio ar i'r Arglwydd ei symud, do, dair gwaith, ond ei ateb oedd, "Mae fy haelioni i'n hen ddigon i ti. Mae fy nerth i'n gweithio orau mewn gwendid"' (beibl.net), neu yng ngeiriau 'Beibl William Morgan', 'Digon i ti fy ngras i: canys fy nerth i a berffeithir mewn gwendid.' Ac â Paul yn ei flaen i ddweud, 'Yn llawen iawn gan hynny yr ymffrostiaf fi yn hytrach yn fy ngwendid, fel y preswylio nerth Crist ynof fi.' (Gweler hefyd y cofnod 'Gwingo yn erbyn y symbylau'.)

> **2 Corinthiaid 12:7**
> *Ac fel na'm tra-dyrchafer gan odidowgrwydd y datguddiedigaethau, rhoddwyd i mi swmbwl yn y cnawd, cennad Satan, i'm cernodio, fel na'm tra-dyrchefid.*

◆ Sŵn ym mrig y morwydd

Defnydd cyfoes: Arwydd fod pethau ar fin gwella, neu bod yr amser wedi dod i symud ymlaen. Yn ôl *Geiriadur Prifysgol Cymru* defnyddir yr ymadrodd 'i gyfleu cyffro cychwynnol, neu ryw awgrym o ddatblygiad newydd sydd ar gerdded, &c.'

Cyd-destun beiblaidd: Brwydr a oedd ar fin digwydd rhwng lluoedd Israel a'r Philistiaid. Pan ofynnodd Dafydd i'r Arglwydd beth i'w wneud, dywedodd Duw wrtho am fynd ar gylch y tu cefn i fyddin y Philistiaid ac ymosod arnynt o'r tu ôl, o gyfeiriad coedwig o goed morwydd (*mulberry trees*). Roedd i aros yng nghysgod y goedwig nes clywed sŵn yn ei brigau fel byddin yn ymdeithio: dyna fyddai'r arwydd i ymosod. Ufuddhaodd Dafydd i'r Arglwydd a bu ei ymosodiad yn llwyddiant ysgubol.

> **2 Samuel 5:24**
> *A phan glywech drwst cerddediad ym mrig y morwydd, yna ymegnïa: canys yna yr* ARGLWYDD *a â allan o'th flaen di, i daro gwersyll y Philistiaid.*

◆ Symud mynyddoedd

Defnydd cyfoes: Symud rhwystrau sylweddol sy'n llesteirio cyflawni rhywbeth neu'i gilydd.

Cyd-destun beiblaidd: Methiant y disgyblion i ryddhau bachgen o grafangau creulon cythraul tra oedd Iesu ar Fynydd y Gweddnewidiad. Eu diffyg ffydd oedd y broblem, oblegid â ffydd mewn Duw hollalluog, meddai Iesu, mae'n bosibl symud rhwystrau mor fawr â 'mynydd' i goncro grym Satan a'i weision cythreulig. Siarad yn ffigurol oedd Iesu ar yr achlysur hwn. Mae Paul hefyd yn sôn am ffydd yn symud mynyddoedd yn 1 Corinthiaid 13:2.

Mathew 17:20
A'r Iesu a ddywedodd wrthynt, Oblegid eich anghrediniaeth: canys yn wir y dywedaf i chwi, Pe bai gennych ffydd megis gronyn o had mwstard, chwi a ddywedech wrth y mynydd hwn, Symud oddi yma draw; ac efe a symudai: ac ni bydd dim amhosibl i chwi.

◆ Syrthio ar dir caregog

Defnydd cyfoes: Pan fydd rhywun yn cyflwyno syniadau da ond yn cael fawr o ymateb iddynt.

Cyd-destun beiblaidd: Dameg Iesu am yr Heuwr – er y byddai 'Y Tiroedd' yn deitl gwell. Pwynt y stori yw dangos bod y newyddion da am ddyfodiad teyrnasiad Duw yn Iesu Grist yn cael derbyniad gwahanol gan wahanol bobl. Y 'tir caregog' neu 'greigleoedd' yw'r ail fath o dir sy'n cael ei nodi, sef tir lle roedd ychydig o bridd yn gorchuddio craig – digon o bridd i'r had egino, ond dim digon i dyfu gwreiddiau a dwyn ffrwyth. Mae'r tir hwn yn debyg i berson sy'n croesawu'r newyddion da am fod eraill o'i gwmpas yn ei groesawu, ond gan nad oes 'ganddo wreiddyn ynddo ei hun' (Mathew 13:21), nid oes ganddo ddim i'w gynnal pan fydd pethau'n mynd yn anodd, ac felly mae'n gwywo ac yn methu dwyn ffrwyth. (Gweler hefyd y cofnod 'Ar ei ganfed'.)

Mathew 13:5
Peth arall a syrthiodd ar greigleoedd, lle ni chawsant fawr ddaear.

◆ Taflu perlau / gemau o flaen moch

Defnydd cyfoes: Y weithred o roi rhywbeth gwerthfawr neu gyflwyno syniad da i rywun sydd heb y gallu i'w werthfawrogi.

Cyd-destun beiblaidd: Daw'r ymadrodd o'r Bregeth ar y Mynydd, rhwng y gorchymyn i beidio â barnu a'r anogaeth i ofyn, ceisio a churo wrth ddrws Duw am yr hyn sydd dda. Un awgrym da ynghylch sut i ddehongli'r adnod yw bod Iesu'n dweud wrthym am beidio ag ymddiried yr efengyl i rym anghredinwyr, er enghraifft trwy drosglwyddo awdurdod dros yr efengyl i'r wladwriaeth. Mae hanes yn ein dysgu bob tro y mae'r wladwriaeth yn cael rheolaeth dros neges yr eglwys fod gwirionedd yr efengyl yn cael ei sathru dan draed, ac mae gwir Gristnogion yn y diwedd yn dioddef erledigaeth.

> **Mathew 7:6**
> *Na roddwch y peth sydd sanctaidd i'r cŵn, ac na theflwch eich gemau o flaen y moch; rhag iddynt eu sathru dan eu traed, a throi a'ch rhwygo chwi.*

◆ Taflu'r garreg gyntaf

Defnydd cyfoes: Bod ar y blaen i gondemnio person a syrthiodd i ryw drosedd neu anfoesoldeb, a galw am ei gosbi. Fel arfer defnyddir yr ymadrodd i annog peidio â bod yn rhy gyflym i gondemnio.

Cyd-destun beiblaidd: Yr hanes am arbenigwyr yn y gyfraith a Phariseaid yn dod â gwraig a oedd wedi cael ei dal yn godinebu at Iesu, i'w herio i roi penderfyniad iddynt ynghylch beth i'w wneud iddi. Yn ôl y gyfraith dylid ei llabyddio. Gwrthododd Iesu ymateb i'w her am yn hir, gan ysgrifennu â'i fys yn y llwch ar y llawr. Ond wedyn cododd ei ben a dweud, 'Yr hwn sydd ddibechod ohonoch, tafled yn gyntaf garreg ati hi.' Yna edrychodd i lawr eto tra ymgiliai ei elynion o un i un. Wedi iddynt fynd i gyd, cododd ei ben a dweud wrth y wraig nad oedd ef yn ei chondemnio chwaith. 'Dos,' meddai, 'ac na phecha mwyach.'

Ioan 8:7
Ond fel yr oeddynt hwy yn parhau yn gofyn iddo, efe a ymunionodd, ac a ddywedodd wrthynt, Yr hwn sydd ddibechod ohonoch, tafled yn gyntaf garreg ati hi.

◆ Taith diwrnod Saboth

Defnydd cyfoes: 'Enw ar bellter rhesymol neu swrnai gymharol fer, swrnai y gellir ei theithio'n hwylus' ydyw yn ôl Huw Jones yn ei gyfrol *Y Gair yn ei Bryd*.

Cyd-destun beiblaidd: Canlyniad esboniad y rabiniaid (athrawon Iddewig) o Exodus 16:29 a Numeri 35:5 oedd deddf 'taith diwrnod Saboth'. Mae'r adnod yn Exodus yn annog aros gartref ar y Saboth, tra bod yr adnod yn Numeri yn nodi mai ffin bellaf y tir pori a oedd o gwmpas y dinasoedd a roddwyd i'r Lefiaid oedd 2,000 cufydd (1,350 metr). Ar sail hyn penderfynodd y rabiniaid mai'r pellter mwyaf y gellid ei deithio ar y Saboth oedd 2,000 cufydd. Mae Mynydd yr Olewydd, sydd ar draws y cwm o safle'r deml yn Jerwsalem, o fewn pellter 'taith diwrnod Saboth'.

Actau 1:12
Yna y troesant i Jerwsalem, o'r mynydd a elwir Olewydd, yr hwn sydd yn agos i Jerwsalem, sef taith diwrnod Saboth.

◆ Tân a brwmstan

Defnydd cyfoes: Y bygythiad o farn, yn arbennig barn Duw ar annuwiolion.

Cyd-destun beiblaidd: Iesu yn Luc 17 yn dysgu'r disgyblion am yr hyn sy'n mynd i ddigwydd yn y dyfodol, yn arbennig mewn perthynas â'i Ail Ddyfodiad mewn gogoniant (a gweler hefyd Mathew 24). Mae'n annog ei ddisgyblion i fod yn barod ar gyfer hynny trwy roi eu bryd ar deyrnasiad Duw yn hytrach na chasglu cyfoeth a phleserau'r byd hwn. Iddynt hwy bydd ei ddyfodiad yn achos llawenydd anhraethol, ond i'r rhai sy'n malio dim amdano bydd yn ddydd o farn a dinistr erchyll. Roedd y rhybudd i'r disgyblion, iddynt beidio ag edrych yn ôl yn hiraethus ar eu bywyd yn y byd hwn cyn iddynt ddod i adnabod Iesu, yn un o hoff adnodau plant a oedd yn gorfod dweud adnod yn yr oedfa fore Sul, am ei bod yn fyr a bachog: 'Cofiwch wraig Lot' (Luc 17:32). Ceir ei hanes yn Genesis 19:26, a gweler hefyd y cofnod 'Sodom a Gomorra'.

> **Luc 17:29–30**
> Eithr y dydd yr aeth Lot allan o Sodom, y glawiodd tân a brwmstan o'r nef, ac a'u difethodd hwynt oll: fel hyn y bydd yn y dydd y datguddir Mab y dyn.
> **Datguddiad 21:8**
> Ond i'r rhai ofnog, a'r di-gred, a'r ffiaidd, a'r llofruddion, a'r puteinwyr, a'r swyn-gyfareddwyr, a'r eilun-addolwyr, a'r holl gelwyddwyr, y bydd eu rhan yn y llyn sydd yn llosgi â thân a brwmstan: yr hwn yw'r ail farwolaeth.

◆ Teilwng i'r gweithiwr ei gyflog

Defnydd cyfoes: Yr egwyddor bod gweithiwr yn haeddu tâl teg am ei waith.

Cyd-destun beiblaidd: Hanes Iesu yn anfon 72 o'i ddisgyblion o'i flaen i gyhoeddi'r newyddion da yn y lleoedd roedd ar fin mynd iddynt. Dywedodd wrthynt am fynd i dai a chyhoeddi bendith Duw arnynt. Os byddai'r fendith yn cael ei derbyn, gallent aros yn y tŷ hwnnw a mwynhau unrhyw letygarwch a gynigid iddynt, yn dâl haeddiannol am eu gwaith yn cyhoeddi'r newyddion da am ddyfodiad y Meseia. Mae hwn, fel 1 Corinthiaid 9:14, yn un o'r testunau a ddefnyddir i gyfiawnhau talu gweinidogion ac efengylwyr am eu gwaith. Gweler hefyd Mathew 10:10, 1 Timotheus 5:18 a Deuteronomium 24:15.

Luc 10:7
Ac yn y tŷ hwnnw arhoswch, gan fwyta ac yfed y cyfryw bethau ag a gaffoch ganddynt: canys teilwng yw i'r gweithiwr ei gyflog. Na threiglwch o dŷ i dŷ.

◆ **Tewi â sôn**

Defnydd cyfoes: Mae'n fwy adnabyddus yn yr ymadrodd 'Tewch â sôn!' sy'n ebychiad yn mynegi syndod.

Cyd-destun beiblaidd: O stori'r pedwar dyn gwahanglwyfus yn mynd i wersyll byddin y Syriaid a oedd yn gwarchae ar Samaria yn amser Eliseus. Maent yn darganfod fod y fyddin wedi ffoi gan adael popeth ar eu hôl. (Gweler hefyd y cofnod 'Dydd o lawen chwedl'.) Gan fod arnynt gymaint o eisiau bwyd, aethant ati i'w helpu eu hunain i'r bwyd oedd ar gael yn y gwersyll. Ond buan y cyffyrddwyd â'u cydwybod i feddwl am y bobl a oedd yn llwgu yn Samaria, a sylweddoli na ddylent 'dewi â sôn' am y waredigaeth ryfeddol a roddodd Duw i'r ddinas. Yr un modd, ni ddylai Cristnogion 'dewi â sôn' am y waredigaeth ryfeddol sydd wedi dod i'r ddynoliaeth trwy Iesu Grist.

2 Brenhinoedd 7:9
Yna y dywedodd y naill wrth y llall, Nid ydym ni yn gwneuthur yn iawn; y dydd hwn sydd ddydd llawenchwedl, ac yr ydym ni yn tewi â sôn; os arhoswn ni hyd oleuni y bore, rhyw ddrwg a ddigwydd i ni: deuwch gan hynny yn awr, ac awn fel y mynegom i dŷ y brenin.

◆ Tir angof

Defnydd cyfoes: Sefyllfa lle y mae rhywbeth wedi cael ei anghofio.

Cyd-destun beiblaidd: Mae Llyfr y Salmau yn rhoi mynegiant i rychwant eang iawn o brofiadau dynol. Yn Salm 88 mae'r Salmydd yn gweiddi am gymorth gan Dduw o le tywyll iawn. Yn adnodau 10–12 mae'n amlwg yn teimlo bod ei fywyd mewn perygl. Mae'n gofyn yn adnod 10, 'A gyfyd y meirw a'th foliannu di?', ac meddai yn adnod 12 (yng nghyfieithiad beibl.net), 'Ydy'r rhai sydd yn y lle tywyll yn gwybod am dy wyrthiau? Oes sôn am dy gyfiawnder ym myd angof?' Tir marwolaeth, felly, yw 'tir angof'. Eto mae'r Salmydd yn galw ar Dduw ac yn dod â'i anobaith ger ei fron, ac y mae hynny ynddo ei hun yn awgrym bychan o obaith am waredigaeth ac atgyfodiad.

Salm 88:12
A adwaenir dy ryfeddod yn y tywyllwch? a'th gyfiawnder yn nhir angof?

◆ (Y) Tlodion gyda chwi bob amser

Defnydd cyfoes: Esgus dros beidio â gweithredu (yn wreiddiol er lles rhai mewn angen, ond bellach mewn unrhyw sefyllfa).

Cyd-destun beiblaidd: Yr hanes am Mair o Fethania yn tywallt llond ffiol o ennaint gwerthfawr dros ben Iesu lai nag wythnos cyn iddo gael ei groeshoelio. Teimlai'r disgyblion, dan arweiniad Jwdas, y byddai wedi bod yn well pe bai Mair wedi rhoi'r ennaint i Iesu fel y gellid ei werthu a rhoi'r arian i'r tlodion. Ond cadarnhaodd Iesu fod gweithred Mair yn un brydferth ac unigryw am na fyddai ef gyda nhw bob amser i gael ei eneinio; ond atgoffodd nhw y byddai'r tlodion gyda nhw bob amser a'i fod yn eu gadael fel cymynrodd, fel petai, i'w ddisgyblion tan ddiwedd y byd.

> **Marc 14:7**
> *Canys bob amser y cewch y tlodion gyda chwi; a phan fynnoch y gellwch wneuthur da iddynt hwy: ond myfi ni chewch bob amser.*

◆ Traed o bridd / o glai

Defnydd cyfoes: Mae gan bobl rydym yn meddwl yn uchel ohonynt, neu bobl sydd yn eu gosod eu hunain ar bedestal, eu gwendidau, fel pawb arall.

Cyd-destun beiblaidd: Hanes Daniel yn esbonio breuddwyd a oedd wedi cythryblu Nebuchodonosor (Nebuchadnesar), brenin Babilon, yn ail flwyddyn ei deyrnasiad. Roedd y brenin wedi anghofio ei freuddwyd, ac felly gofynnodd i'w ddoethion ddweud wrtho beth oedd y freuddwyd yn ogystal â'i hesbonio. Bygythiodd y brenin eu lladd os na allent ei fodloni, ond datguddiodd Duw y freuddwyd a'i hystyr i Daniel. Yr hyn a welodd, meddai Daniel wrth Nebuchodonosor (yn Daniel 2:31–35), oedd cerflun anferth a'i ben 'wedi'i wneud o aur, ei frest a'i freichiau yn arian, ei fol a'i gluniau yn bres, ei goesau yn haearn, a'i draed yn gymysgedd o haearn a chrochenwaith' (beibl.net). Yna gwelodd 'garreg yn cael ei thorri o ochr mynydd gan law anweledig' (beibl.net) ac yn taro'r cerflun ar ei draed, gan eu malu a pheri i'r cerflun syrthio a mynd yn ddarnau mân. Yn ôl esboniad Daniel, roedd gwahanol rannau'r cerflun yn cynrychioli ymerodraethau hanesyddol a fyddai yn codi y naill ar ôl y llall. Er bod yr ymerodraeth olaf – y traed –yn edrych yn gryf, roedd mewn gwirionedd yn gymysgedd o gryfder (haearn) a breuder (crochenwaith – neu 'pridd cleilyd' yn Daniel 2:41 ym 'Meibl William Morgan'). Teyrnas Iesu y Meseia, 'yr hon ni ddistrywir byth ... [ac] a saif yn dragywydd' (Daniel 2:44), yw'r garreg o ochr mynydd a faluriodd y traed a dymchwel ymerodraethau'r byd hwn.

> **Daniel 2:32–33**
> *Pen y ddelw hon ydoedd o aur da, ei dwyfron a'i breichiau o arian, ei bol a'i morddwydydd o bres, ei choesau o haearn, ei thraed oedd beth ohonynt o haearn, a pheth ohonynt o bridd.*

◆ Troi cleddyfau'n sychau

Defnydd cyfoes: Hiraeth am heddwch, pryd y bydd arfau rhyfel yn cael eu hail-wneud yn arfau heddwch.

Cyd-destun beiblaidd: Y weledigaeth a roddwyd i Eseia (a hefyd i Micha; gweler Micha 4:1–3) o sefydlu teyrnasiad Duw dros yr holl fyd. Bryd hynny bydd yr holl genhedloedd yn edrych i gyfeiriad Seion (Jerwsalem) am eu harweiniad. Canlyniad hyn fydd ymwrthod â rhyfel yn gyfan gwbl – y moddion (dinistrio arfau), yr ymarfer (codi cleddyf) a'r paratoi (ni ddysgant ryfel). Cyflawnwyd holl ystyr Seion ym mherson yr Arglwydd Iesu. Oddi ar ei esgyniad mae'r cenhedloedd wedi llifo ato i ymuno â'r Iddewon (nid i gymryd eu lle) fel addolwyr y gwir Dduw. Yn y weledigaeth o ddiwedd y byd a'r 'nefoedd newydd a daear newydd' yn Llyfr y Datguddiad, dywedir yn Datguddiad 22:3, 'Fydd melltith rhyfel ddim yn bod mwyach' (beibl.net).

Eseia 2:2–4
*A bydd yn y dyddiau diwethaf, fod mynydd tŷ yr
ARGLWYDD wedi ei baratoi ym mhen y mynyddoedd,
ac yn ddyrchafedig goruwch y bryniau; a'r holl
genhedloedd a ddylifant ato. A phobloedd lawer a
ânt ac a ddywedant, Deuwch, esgynnwn i fynydd yr
ARGLWYDD, i dŷ DUW Jacob; ac efe a'n dysg ni yn ei
ffyrdd, a ni a rodiwn yn ei lwybrau ef; canys y gyfraith a
â allan o Seion, a gair yr ARGLWYDD o Jerwsalem. Ac efe
a farna rhwng y cenhedloedd, ac a gerydda bobloedd
lawer: a hwy a gurant eu cleddyfau yn sychau, a'u
gwaywffyn yn bladuriau: ni chyfyd cenedl gleddyf yn
erbyn cenedl, ac ni ddysgant ryfel mwyach.*

◆ Troi gyda phob awel (dysgeidiaeth)

Defnydd cyfoes: Disgrifio rhywun y mae'n hawdd ei
berswadio i gofleidio unrhyw syniad newydd, yn arbennig ym
myd crefydd.

Cyd-destun beiblaidd: Y rhan o lythyr Paul at yr Effesiaid
lle y mae'n trafod darpariaeth Duw ar gyfer twf dilynwyr yr
Arglwydd Iesu (sef yr eglwys) mewn undod a duwioldeb. Wedi
iddo gael ei ddyrchafu i'w orsedd ddwyfol ar ôl ei atgyfodiad,
rhoddodd yr Arglwydd Iesu roddion i'w bobl trwy ei Ysbryd.
Mae'n drawiadol mai'r 'rhoddion' y sonia Paul amdanynt yn ei
lythyr yw arweinwyr yr eglwys, a fyddai'n sicrhau fod dilynwyr
Iesu yn credu'r gwirionedd amdano ac yn byw yn gyson
â'r gwirionedd hwnnw. Y rhoddion a restrir yw'r apostolion
– 'cynrychiolwyr personol' Iesu (beibl.net) – proffwydi,
efengylwyr, bugeiliaid ac athrawon. Mae'n hollbwysig credu'r
pethau iawn os yw'r eglwys i fod yn gryf ac effeithiol: glynu
wrth y gwir, beth bynnag y mae ffasiwn yr oes yn ei ddweud i'r
gwrthwyneb. Sylfaen y cyfan yw tystiolaeth yr apostolion, sydd
ar gael yn y Testament Newydd.

> **Effesiaid 4:14**
> *Fel na byddom mwyach yn blantos, yn bwhwman, ac yn ein cylcharwain â phob awel dysgeidiaeth, trwy hoced dynion, trwy gyfrwystra i gynllwyn i dwyllo.*
> (Ystyr 'hoced' yn ôl *Geiriadur Prifysgol Cymru* yw 'twyll, dichell, ystryw'.)

◆ Trwy chwys dy wyneb

Defnydd cyfoes: Cyflawni rhywbeth trwy weithio'n galed.

Cyd-destun beiblaidd: Hanes y Cwymp yn Genesis 3. Mae'r ffaith bod cynhyrchu cynhaliaeth o'r ddaear bellach yn waith caled yn rhan o ddedfryd Duw ar Adda ac Efa am eu hanufudd-dod. Ond gwaeth na hyn yw'r ddedfryd 'canys pridd wyt ti, ac i'r pridd y dychweli'. Bu Adda ac Efa farw'n ysbrydol wrth hawlio eu hannibyniaeth oddi wrth Dduw, ond byddai marwolaeth ysbrydol yn cael ei dilyn gan farwolaeth gorfforol hefyd. Mae'r bardd R. Williams-Parry yn ei soned 'Marwoldeb' yn mynegi dwyster realiti marwolaeth gorfforol: 'Marwolaeth nid yw'n marw. *Hyn* sydd wae.' Ond yn atgyfodiad yr Arglwydd Iesu Grist, 'yr ail Adda', mae marwolaeth wedi ei choncro (1 Corinthiaid 15).

> **Genesis 3:19**
> *Trwy chwys dy wyneb y bwytei fara, hyd pan ddychwelech i'r ddaear; oblegid ohoni y'th gymerwyd: canys pridd wyt ti, ac i'r pridd y dychweli.*

◆ (Y) Tu / ffordd arall heibio

Defnydd cyfoes: Osgoi cyfrifoldeb neu beidio ag estyn cymorth**.**

Cyd-destun beiblaidd: Gweler y cofnod 'Olew ar friw'.

◆ Tŷ wedi ymrannu

Defnydd cyfoes: Ymraniad dinistriol mewn unrhyw sefydliad.

Cyd-destun beiblaidd: Ymateb Iesu i honiad y Phariseaid mai trwy nerth Beelsebub (Beelsebwl), pennaeth y cythreuliaid, yr oedd ef yn bwrw cythreuliaid allan o bobl. Ateb Iesu oedd nad yw'r fath honiad yn gwneud synnwyr o gwbl; nid yw'r un sefydliad yn mynd allan o'i ffordd i danseilio ei nerth a'i safle ei hun, oblegid gwyddant fod unrhyw raniad neu ymryson mewnol yn eu gwneud yn llawer mwy agored i fygythiad o'r tu allan.

> **Mathew 12:25**
> *A'r Iesu yn gwybod eu meddyliau, a ddywedodd wrthynt, Pob teyrnas wedi ymrannu yn ei herbyn ei hun, a anghyfanheddir; a phob dinas neu dŷ wedi ymrannu yn ei erbyn ei hun, ni saif.*

◆ Tywyllu cyngor

Defnydd cyfoes: Taflu syniadau i gwrs o resymu sy'n gwneud pethau'n llawer mwy aneglur neu gymhleth nag yr oeddent.

Cyd-destun beiblaidd: Dechrau'r adran yn Llyfr Job lle y mae Duw ei hun yn ymateb i sefyllfa Job. Mae Duw yn datgan bod yr holl ddadlau neu 'ymladd' diwinyddol sydd wedi bod yn mynd ymlaen hyd y pwynt hwn yn y llyfr, wedi llwyddo i wneud dim ond gwneud pethau'n fwy aneglur (Job 38:1–2). Mae Duw yn anelu ei sylw'n arbennig at agwedd ymosodol Job ei hun tuag ato (Job 40:1–2). Trwy i Dduw ddangos iddo ei fawredd fel Creawdwr, mae Job yr ymladdwr yn troi'n addolwr. 'Am hynny', meddai, 'y mae yn ffiaidd gennyf fi fy hun; ac yr ydwyf yn edifarhau mewn llwch a lludw' (Job 42:6). (Gweler y cofnod 'Llwch a lludw'.)

Job 38:1–2
Yna yr Arglwydd a atebodd Job allan o'r corwynt, ac a ddywedodd, Pwy yw hwn sydd yn tywyllu cyngor ag ymadroddion heb wybodaeth.

◆ **Thomas**

Defnydd cyfoes: Un sy'n amheus o unrhyw beth, neu sy'n amau popeth.

Cyd-destun beiblaidd: Un o ddeuddeg disgybl Iesu oedd Thomas, a oedd hefyd yn cael ei alw'n Didymus, neu 'Yr Efaill' (Ioan 11:16). Mae ei enw am fod yn amheuwr yn seiliedig ar ymddangosiad Iesu i'w ddisgyblion ar ôl ei atgyfodiad pan nad oedd Thomas yn bresennol. Ymatebodd yn gryf iawn pan glywodd dystiolaeth y ffrindiau o apostolion y bu yn eu cwmni ers tair blynedd. Meddai (yn Ioan 20:25): 'Nes i mi gael gweld ôl yr hoelion yn ei addyrnau, a rhoi fy mys yn y briwiau hynny a rhoi fy llaw i mewn yn ei ochr, wna i byth gredu'r peth!' (beibl. net). Wythnos yn ddiweddarach ymddangosodd Iesu eto i'w ddisgyblion, a Thomas yn bresennol y tro hwn. Gwahoddodd Iesu ef i roi ei fys yn y briwiau, gan ddweud wrtho, 'Na fydd anghredadun, ond credadun' – a dyma Thomas yn syrthio ar ei liniau ac yn cyffesu Iesu fel ei Arglwydd a'i Dduw.

Ioan 20:24–25
Eithr Thomas, un o'r deuddeg, yr hwn a elwir Didymus, nid oedd gyda hwynt pan ddaeth yr Iesu. Y disgyblion eraill gan hynny a ddywedasant wrtho, Ni a welsom yr Arglwydd. Yntau a ddywedodd wrthynt, Oni chaf weled yn ei ddwylo ef ôl yr hoelion, a dodi fy mys yn ôl yr hoelion, a dodi fy llaw yn ei ystlys ef, ni chredaf fi.

◆ Uchelfannau'r maes

Defnydd cyfoes: Cyrraedd uchafbwynt mewn unrhyw faes. Amrywiad cyffredin arno yw sôn bod rhywun 'ar ei uchelfannau', a all olygu hefyd fod rhywun mewn hwyliau da neu yn llawn asbri.

Cyd-destun beiblaidd: O gân y barnwyr Debora a Barac, ar ôl eu buddugoliaeth dros luoedd Jabin brenin Canaan, a fu'n gormesu Israel. (Gweler y cofnod 'Mam yn Israel'.) Cyfieithiad beibl.net o'r adnod isod yw: 'Roedd dynion Sabulon a Nafftali yn mentro'u bywydau ar faes y gâd.' Yr ystyr, felly, yw mai llwythau Sabulon a Nafftali oedd ar flaen y gad yn mentro eu bywydau i achub Israel o law'r gelyn. Y rhai sy'n mentro fwyaf sy'n cael y clod mwyaf.

> **Barnwyr 5:18**
> *Pobl Sabulon a roddes eu heinioes i farw; felly Nafftali ar uchelfannau y maes.*

◆ Un iod

Defnydd cyfoes: Gronyn, y mymryn lleiaf.

Cyd-destun beiblaidd: Y rhan o'r Bregeth ar y Mynydd lle y mae Iesu'n esbonio ei berthynas â'r 'gyfraith a'r proffwydi', sef yr Hen Destament yn ei gyfanrwydd. 'Na thybiwch', meddai, 'fy nyfod i dorri'r gyfraith, neu'r proffwydi: ni ddeuthum i dorri, ond i gyflawni' (Mathew 5:17). Felly, mae Iesu trwy ei fywyd a'i ddysgeidiaeth yn dwyn gwir ystyr yr Hen Destament i'r amlwg ac yn cwblhau'r datguddiad o Dduw sydd ynddo. Yna mae'n mynd ymlaen i bwysleisio na 'fydd dim un llythyren na manylyn lleia o'r Gyfraith yn cael ei ddileu nes bydd y nefoedd a'r ddaear yn diflannu' (beibl.net). Lle mae'r gair 'llythyren' yn beibl.net, yr hyn sydd ym 'Meibl William Morgan' yw 'iod', sy'n cyfeirio, fwy na thebyg, at 'yodh', y llythyren leiaf yn yr wyddor Hebraeg. Â chymaint o ddifrïo ar yr Hen Destament heddiw, hyd yn oed ymhlith llawer sy'n eu galw eu hunain yn Gristnogion, mae'n werth cofio'r gwerth aruchel a roddodd Iesu arno.

> **Mathew 5:18**
> *Canys yn wir meddaf i chwi, Hyd onid êl y nef a'r ddaear heibio, nid â un iod nac un tipyn o'r gyfraith heibio, hyd oni chwblhaer oll.*

◆ (Yr) Unfed awr ar ddeg

Defnydd cyfoes: Yn ôl Huw Jones yn ei gyfrol *Y Gair yn ei Bryd*, defnyddir yr ymadrodd 'i bwysleisio ambell gyfle olaf posibl, cyn iddi fynd yn rhy ddiweddar i ryw ddiben neu'i gilydd.'

Cyd-destun beiblaidd: Dameg Iesu am y Gweithwyr yn y Winllan. (Gweler y cofnodion '(Yr) Olaf a fyddant flaenaf' a 'Pwys a gwres y dydd'.) Dyrchafu gras a thrugaredd Duw yw pwrpas y stori hon. Mae'r gweithwyr a gyflogwyd ar yr unfed awr ar ddeg yn cael eu trin yn union yr un fath â'r gweithwyr eraill. Er eu bod yn ymddangos yn llai haeddiannol, mae Duw, yn ei ras penarglwyddiaethol, yn eu trin â haelioni mawr. Yn yr eglwys daeth Cristnogion 'yr unfed awr ar ddeg' i gynrychioli'r rhai sy'n dod i gredu yn ddiweddar iawn yn eu bywyd. O safbwynt eu gwobr nefol, nid oes gwahaniaeth rhyngddynt a Christnogion a ddaeth i gredu pan oeddent yn blant a threulio oes yn gwasanaethu eu Harglwydd. Gras yw'r unig beth sy'n caniatáu mynediad i'r nefoedd.

> **Mathew 20:6**
> *Ac efe a aeth allan ynghylch yr unfed awr ar ddeg, ac a gafodd eraill yn sefyll yn segur, ac a ddywedodd*

wrthynt, *Paham y sefwch chwi yma ar hyd y dydd yn segur?*

◆ Utganu o'th flaen

Defnydd cyfoes: Person sy'n tynnu sylw ato'i hun wrth gyflawni rhyw orchest.

Cyd-destun beiblaidd: Y rhan o'r Bregeth ar y Mynydd lle y mae Iesu'n trafod gwahanol agweddau ar wahanol ddyletswyddau crefyddol. (Gweler y cofnod 'Na wyped dy law aswy'.) Mae'n dechrau gyda rhoi elusen, sef dangos trugaredd ymarferol tuag at y tlodion. Ni ddylai disgyblion Iesu ddwyn sylw atynt eu hunain wrth roi elusen, oblegid byddai hynny'n dangos nad gogoniant Duw a lles y tlodion sy'n eu cymell, ond eu hawydd am ganmoliaeth gan bobl eraill. Mae rhoi gyda ffanffer – sef trwy dynnu sylw at y weithred – er mwyn cael ein canmol yn dangos ein bod yn hunan-ganolog: mae rhoi'n gyfrinachol allan o ddefosiwn i Dduw yn dangos ein bod wedi codi ein croes, sef rhoi'r hunan o'r neilltu, fel y gorchymynnodd Iesu i'w ddilynwyr. (Gweler y cofnod 'Cario / dwyn croes'.)

> **Mathew 6:2**
> *Am hynny pan wnelych elusen, na utgana o'th flaen, fel y gwna'r rhagrithwyr yn y synagogau, ac ar yr heolydd, fel y molianner hwy gan ddynion. Yn wir meddaf i chwi, Y maent yn derbyn eu gwobr.*

◆ Wrth draed (rhywun)

Defnydd cyfoes: O dan hyfforddiant rhywun arall.

Cyd-destun beiblaidd: Paul yn ei amddiffyn ei hun o risiau

barics Antonia yn Jerwsalem ar ôl cael ei achub gan filwyr
Rhufain o ddwylo torf a oedd wedi ymosod arno yn y deml.
Mae'n dechrau ei amddiffyniad trwy ddangos cymaint o Iddew
oedd ef. Un o'i brif gymwysterau oedd ei fod wedi astudio'r
gyfraith Iddewig 'wrth draed' (hynny yw, yn ysgol) Gamaliel, a
oedd ymhlith yr enwocaf o athrawon y gyfraith yn ei ddydd.

> **Actau 22:3**
> *Gŵr wyf fi yn wir o Iddew, yr hwn a aned yn Nharsus yn Cilicia, ac wedi fy meithrin yn y ddinas hon wrth draed Gamaliel, ac wedi fy athrawiaethu yn ôl manylaf gyfraith y tadau, yn dwyn sêl i Dduw, fel yr ydych chwithau oll heddiw.*

◆ Wrth eu ffrwythau

Defnydd cyfoes: Mae gwir gymeriad rhywun yn dod i'r amlwg nid yn gymaint yn yr hyn a ddywedant ond yn yr hyn a wnânt.

Cyd-destun beiblaidd: Y rhan o'r Bregeth ar y Mynydd lle y mae Iesu'n rhybuddio ei ddilynwyr rhag ffug broffwydi. Ar draws y canrifoedd mae'r eglwys wedi cael ei blino gan arweinwyr sy'n hawlio eu bod yn llefaru gair Duw ac yn ymddangos mor ddiniwed â defaid ond sydd mewn gwirionedd yn fleiddiaid rheibus. (Gweler hefyd y cofnod 'Blaidd mewn croen dafad'.) Cyngor Iesu i'w braidd yw i wylio'n ofalus sut y mae unrhyw un sy'n hawlio bod yn broffwyd yn byw. Mae hyn yn golygu gofyn cwestiynau megis: ydyn nhw'n hoff iawn o elwa'n ariannol neu'n faterol; ydyn nhw'n defnyddio eu 'praidd' i greu enw iddynt eu hunain; ydyn nhw'n ceisio creu cynulleidfa sy'n driw iddyn nhw yn fwy nag i'r Arglwydd Iesu.

> **Mathew 7:15–16**
> *Ymogelwch rhag gau broffwydi, y rhai a ddeuant atoch*

yng ngwisgoedd defaid, ond oddi mewn bleiddiaid rheibus ydynt hwy. Wrth eu ffrwythau yr adnabyddwch hwynt.

◆ Wylo'n hidl

Defnydd cyfoes: I ddisgrifio rhai sydd wedi colli pob rheolaeth ar eu dagrau. Fel na ellir rhwystro dŵr rhag llifo allan o hidlwr (*colander, sieve*), ni ellir rhwystro'r dagrau rhag llifo o'r un sy'n 'wylo'n hidl'.

Cyd-destun beiblaidd: Adran gyntaf y Galarnad. Ym 'Meibl William Morgan' y pennawd yw 'Galarnad Jeremeia', ond mae'r llyfr yn ddienw yn y testun gwreiddiol. Mae'r traddodiad mai Jeremeia oedd yr awdur yn hen, ond nid oes sicrwydd mai ef oedd awdur y farddoniaeth eithriadol o drist a diobaith sydd yn y llyfr hwn, sy'n mynegi galar dwys dros Jerwsalem a ddinistriwyd gan y Babiloniaid yn 587 cc. Bu lladdfa fawr a chaethgludwyd llawer o'r bobl a adawyd yn weddill i Fabilon. Ar ddechrau'r llyfr mae Jerwsalem yn cael ei phortreadu fel gwraig yn eistedd ar ei phen ei hun yn y llwch, yn beichio crio am ei bod wedi cael ei gadael yn unig a'i ffrindiau i gyd wedi troi'n elynion iddi.

> **Galarnad 1:2**
> *Y mae hi yn wylo yn hidl liw nos, ac y mae ei dagrau ar ei gruddiau, heb neb o'i holl gariadau yn ei chysuro: ei holl gyfeillion a fuant anghywir iddi, ac a aethant yn elynion iddi.*

◆ Ychwanegu at faintioli

Defnydd cyfoes: Cynyddu maint rhywun neu rywbeth, weithiau yn ffigurol (ac fel arfer yn cyfleu na ellid gwneud hynny).

Cyd-destun beiblaidd: Y rhan o'r Bregeth ar y Mynydd lle y mae Iesu yn trafod agwedd ei ddilynwyr at angenrheidiau bywyd. Nid ar gasglu cyfoeth yr oedd bryd ei ddisgyblion – wedi'r cyfan roedd y deuddeg a ddewisodd Iesu i fod gydag ef trwy'r amser wedi gadael eu gwaith a'u cynhaliaeth i'w ddilyn. Ond yn yr adran hon o'r Bregeth mae Crist yn eu cysuro trwy bwysleisio bod eu Tad nefol yn gwybod am bopeth roedd ei angen arnynt. (Gweler hefyd Luc 12:30 a'r cofnod 'Digon i'r diwrnod ei ddrwg ei hun'.) Yn yr adnod isod mae'n bosibl bod Iesu yn dangos y math o ffraethineb sy'n nodweddiadol ohono, gan ddarlunio rhywun yn pryderu a phoeni am fod cufydd yn dalach (sef tua 18 modfedd neu 45cm). Ei bwynt yw ei bod yn gwbl ofer poeni neu bryderu am rywbeth sydd y tu hwnt i'n rheolaeth.

> **Mathew 6:27**
> *A phwy ohonoch gan ofalu, a ddichon chwanegu un cufydd at ei faintioli?*

◆ Yn bopeth i bawb

Defnydd cyfoes: Pobl sy'n ceisio plesio pawb, er mantais iddynt eu hunain.

Cyd-destun beiblaidd: Paul yn disgrifio ei strategaeth genhadol. Nid yw Paul yn awgrymu o gwbl ei fod yn barod i newid neges yr efengyl i siwtio gwahanol ddosbarthiadau o bobl, ond mae'n annog ymddygiad sy'n dangos cariad. Er enghraifft, roedd Paul yn hollol argyhoeddedig nad oedd dim o'i le mewn prynu cig yn y farchnad a oedd wedi cael ei offrymu i eilunod, am nad yw 'eilun yn ddim byd mewn gwirionedd. Does dim ond un Duw go iawn' (beibl.net). Ond os byddai gwneud hynny'n tramgwyddo rhywun, mae'n cynghori ymatal (1 Corinthiaid 8).

1 Corinthiaid 9:22
Ymwneuthum i'r rhai gweiniaid megis yn wan, fel yr enillwn y gweiniaid: mi a ymwneuthum yn bob peth i bawb, fel y gallwn yn hollol gadw rhai.

◆ Yn ddeddf iddynt eu hunain

Defnydd cyfoes: Rhai sy'n gwrthod cydweithredu ag eraill am eu bod yn benderfynol i fynd eu ffordd eu hunain.

Cyd-destun beiblaidd: Rhan gyntaf llythyr Paul at y Rhufeiniaid, lle y mae'n profi bod pawb, yn Iddewon a phob cenedl arall fel ei gilydd, yn methu cadw cyfraith Duw ac felly'n haeddu ei farn. Yn yr adnod isod mae Paul yn datgan bod pawb yn gwybod yn eu calon a'u cydwybod beth sydd yn iawn er nad ydynt yn gwybod am y gyfraith fel y mae wedi ei gosod allan yn yr Hen Destament. Dadl Paul yw bod bwlch rhwng gwybod y gyfraith a'i chadw. Fel yr Iddewon rydym ni i gyd yn torri'r gyfraith ac angen y newyddion da fod Iesu wedi delio â'n tor cyfraith ac yn cynnig maddeuant i ni trwy ffydd ynddo ef.

Rhufeiniaid 2:14
Canys pan yw'r Cenhedloedd y rhai nid yw'r ddeddf ganddynt, wrth naturiaeth yn gwneuthur y pethau sydd yn y ddeddf, y rhai hyn heb fod y ddeddf ganddynt, ydynt ddeddf iddynt eu hunain.

◆ Yn ei bryd

Defnydd cyfoes: Yn digwydd ar yr amser iawn.

Cyd-destun beiblaidd: Y disgrifiad o rywun duwiol yn Salm 1. Dywed adnod 3 ei fod fel coeden ffrwythau wedi ei phlannu yn ymyl afon, sy'n cyfleu bod y duwiol yn byw a bod yn agos at Dduw. Yng nghyfieithiad beibl.net, fe'i disgrifir yn yr adnod flaenorol fel 'yr un sydd wrth ei fodd yn gwneud beth mae'r Arglwydd eisiau, ac yn myfyrio ar y pethau mae'n eu dysgu ddydd a nos'. Am fod person duwiol yn tynnu ei gynhaliaeth oddi wrth Dduw yn barhaol, mae'n cynhyrchu ffrwyth er gogoniant Duw a lles ei gymdogion ar yr amser iawn – yn ei dymor neu 'yn ei bryd'. (Am enghreifftiau eraill o'r ymadrodd 'yn ei bryd', gweler Salm 104:27 a 145:15, a 2 Thesaloniaid 2:6.)

Salm 1:3
Ac efe a fydd fel pren wedi ei blannu ar lan afonydd dyfroedd, yr hwn a rydd ei ffrwyth yn ei bryd; a'i ddalen ni wywa; a pha beth bynnag a wnêl, efe a lwydda.

◆ Yn fy myw

Defnydd cyfoes: Yr ystyr llythrennol yw 'trwy fy mywyd', ond fe'i defnyddir fel arfer erbyn hyn i bwysleisio methu gwneud rhywbeth er ymdrechu. Fel y nododd Huw Jones yn ei gyfrol *Y Gair yn ei Bryd*, pan ddywedwn, 'Fedra'i yn fy myw wneud y peth-a'r-peth', yr hyn a olygwn yw, 'Waeth faint ymdrecha'i, pe bawn wrthi am f'oes, fedra'i mo'i wneud o.'

Cyd-destun beiblaidd: Y Salmydd yn ei annog ei hunan i foli Duw am weddill ei fywyd. Y cyfieithiad o Salm 146:2 yn beibl.net yw: 'Dw i'n mynd i foli'r Arglwydd ar hyd fy mywyd, a chanu mawl i'm Duw tra dw i'n bodoli!'

Salm 146:2
Molaf yr Arglwydd yn fy myw: canaf i'm Duw tra fyddwyf.

◆ Yn ffau'r llewod

Defnydd cyfoes: Sefyllfa anodd iawn sy'n galw am ddewrder.

Cyd-destun beiblaidd: Roedd Daniel yn un o aristocratiaid Jwda a gafodd ei gaethgludo i Fabilon i'w gymhwyso i fod o wasanaeth i'r Ymerodraeth Fabilonaidd. Daeth yn was sifil llwyddiannus a dylanwadol, ond heb gyfaddawdu ei ffydd yn Nuw o gwbl. Hyn a roddodd gyfle i'r rhai a oedd yn eiddigeddus ohono i berswadio'r brenin Dareius i basio deddf yn gwahardd pawb rhag addoli neb ond y brenin am gyfnod penodol. Gwyddent na fyddai Daniel yn ufuddhau i'r ddeddf newydd ac felly byddai'n rhaid i Dareius ei gosbi trwy ei daflu i ffau'r llewod. Dyna a ddigwyddodd – er mawr boen i Dareius. Ond fe achubodd Duw Daniel o enau'r llewod. (Gweler hefyd y cofnod 'Cyfraith y Mediaid a'r Persiaid'.)

> **Daniel 6:16**
> *Yna yr archodd y brenin, a hwy a ddygasant Daniel, ac a'i bwriasant i ffau y llewod. Yna y brenin a lefarodd ac a ddywedodd wrth Daniel, Dy Dduw, yr hwn yr ydwyt yn ei wasanaethu yn wastad, efe a'th achub di.* (Ystyr 'archodd' yw 'gorchmynnodd'.)

◆ Yn gall fel sarff

Defnydd cyfoes: Y doethineb a'r gofal sydd eu hangen wrth drin pobl eraill.

Cyd-destun beiblaidd: Anogaeth Iesu i'w ddisgyblion wrth eu hanfon ar genhadaeth, ond un hefyd sy'n berthnasol i genhadu Cristnogol ym mhob cyfnod. Mae Iesu'n rhagweld y perygion a fyddai'n wynebu ei ddisgyblion: byddant yn aml yn hollol ddiamddiffyn, fel defaid ymhlith bleiddiaid. Ond mae defaid yn medru bod yn 'gall fel y seirff' wrth wynebu perygl. Mae Iesu yn annog ei ddisgyblion i ddefnyddio eu pen wrth wynebu perygl, i fod yn ddoeth a chraff wrth asesu pob sefyllfa.

> **Mathew 10:16**
> *Wele, yr ydwyf fi yn eich danfon fel defaid yng nghanol bleiddiaid; byddwch chwithau gall fel y seirff, a diniwed fel y colomennod.*

◆ Yn gyfyng o'r ddeutu

Defnydd cyfoes: Cyfyng gyngor, sef wynebu dau ddewis heb fod yn siŵr o gwbl pa un fyddai orau.

Cyd-destun beiblaidd: Paul yn ysgrifennu at y Philipiaid o'r carchar, pan oedd yn cael ei erlyn mewn achos a allai'n hawdd orffen â dedfryd o ddienyddiad. Y ddau lwybr a wynebai Paul oedd cael ei ddienyddio a 'gadael y byd yma i fod gyda'r Meseia am byth' (beibl.net) neu gael ei ryddhau i wasanaethu'r Philipiaid unwaith eto. Yn y pen draw dymuniad Paul oedd aros yn y byd hwn i barhau â'i waith fel apostol, fel y gwelwn o Philipiaid 1:25 (yng nghyfieithiad beibl.net): 'O feddwl am y peth, dw i'n reit siŵr y bydda i'n aros, i'ch helpu chi i dyfu a phrofi'r llawenydd sydd i'w gael o gredu yn y Meseia.'

> **Philipiaid 1:23**
> *Canys y mae'n gyfyng arnaf o'r ddeutu, gan fod gennyf chwant i'm datod, ac i fod gyda Christ; canys llawer iawn gwell ydyw.*

◆ Yn y cnawd

Defnydd cyfoes: Bod yn gorfforol bresennol.

Cyd-destun beiblaidd: Mae'r term 'cnawd' yn derm diwinyddol amlochrog iawn yn y Testament Newydd. Mae'r adnodau isod yn canolbwyntio ar un ystyr pwysig, sef bod Duw wedi ymgnawdoli yn Iesu y Meseia: hynny yw, bod Duw yn gorfforol bresennol gyda ni yn Iesu. Mae'r gred bod Iesu yn wir ddyn a gwir Dduw yn rhan sylfaenol o gredo Cristnogaeth.

1 Timotheus 3:16
Ac yn ddi-ddadl, mawr yw dirgelwch duwioldeb; Duw a ymddangosodd yn y cnawd, a gyfiawnhawyd yn yr Ysbryd, a welwyd gan angylion, a bregethwyd i'r Cenhedloedd, a gredwyd iddo yn y byd, a gymerwyd i fyny mewn gogoniant,
1 Ioan 4:2
Wrth hyn adnabyddwch Ysbryd Duw: Pob ysbryd a'r sydd yn cyffesu ddyfod Iesu Grist yn y cnawd, o Dduw y mae.

◆ Yr ysbryd yn barod ond y cnawd yn wan

Defnydd cyfoes: I fynegi parodrwydd neu ddymuniad i wneud rhywbeth mewn egwyddor, ond bod amgylchiadau personol yn rhwystro hynny.

Cyd-destun beiblaidd: Iesu yn gweddïo yng ngardd Gethsemane y noson y bradychwyd ef. Gofynnodd i'w ddisgyblion aros a gwylio gydag ef. Aeth ychydig oddi wrthynt i weddïo, ond pan ddychwelodd fe'u cafodd yn cysgu. (Gweler hefyd y cofnod 'Ergyd carreg'.)

Mathew 26:40–41
Ac efe a ddaeth at y disgyblion, ac a'u cafodd hwy yn cysgu; ac a ddywedodd wrth Pedr, Felly; oni allech chwi wylied un awr gyda mi? Gwyliwch a gweddïwch, fel nad eloch i brofedigaeth. Yr ysbryd yn ddiau sydd yn barod, eithr y cnawd sydd wan.

◆ Ysbïo'r wlad

Defnydd cyfoes: Yn llythrennol, gweld a yw rhyw ardal yn lle dymunol i fyw ynddi, er enghraifft. Yn drosiadol, gwneud archwiliad i weld a yw rhyw brosiect yn bosibl ai peidio.

Cyd-destun beiblaidd: Pan rannwyd tir Canaan rhwng llwythau Israel, cafodd llwyth Dan dir rhwng Jwda (tua'r de), Effraim (tua'r gogledd), a Benjamin (tua'r dwyrain). I'r gorllewin roedd yr Amoriaid a'r Philistiaid. Mae'n bur debyg mai bygythiad y bobl hyn a barodd i'r rhan fwyaf o'r llwyth fudo i ogledd Israel, yn agos at darddiad afon Iorddonen. Yn yr adnod isod cawn hanes ysbiwyr yn cael eu hanfon i chwilio am le addas i'r llwyth setlo.

> **Barnwyr 18:2**
> *A meibion Dan a anfonasant o'u tylwyth bump o wŷr o'u bro, gwŷr grymus, o Sora, ac o Estaol, i ysbïo'r wlad, ac i'w chwilio; ac a ddywedasant wrthynt, Ewch, chwiliwch y wlad.*

◆ Ysgrifen ar y mur

Defnydd cyfoes: Mynegi rhagolygon drwg neu ddarogan canlyniadau anffafriol.

Cyd-destun beiblaidd: Er nad yw'r union ymadrodd yn digwydd yn y Beibl, mae'n cyfeirio at yr ysgrifen a ymddangosodd ar y mur yn ystod gwledd fawr Belsassar ym Mabilon. Gofynnodd y brenin i Daniel ei dehongli ar ei gyfer. Neges o wae ydoedd, sef bod Belsassar wedi ei bwyso yn y cloriannau a'i gael yn brin, ac y byddai felly yn colli ei frenhiniaeth. (Gweler hefyd y cofnod 'Cael yn brin.')

Daniel 5:5
Yr awr honno bysedd llaw dyn a ddaethant allan, ac a ysgrifenasant ar gyfer y canhwyllbren ar galchiad pared llys y brenin; a gwelodd y brenin ddarn y llaw a ysgrifennodd.

◆ Ysgwyd y llwch

Defnydd cyfoes: Ymwrthod â rhywle neu rywbeth oherwydd profiad neu gysylltiadau annymunol.

Cyd-destun beiblaidd: Iesu yn anfon ei ddisgyblion allan i genhadu. Meddai Huw Jones yn ei gyfrol *Y Gair yn ei Bryd*: 'I'r Iddew roedd llwch ffyrdd a thiriogaeth gwlad arall yn halogedig. Pan groesai'r Iddew y ffin o wlad arall i'w wlad ei hun, byddai'n ysgwyd y llwch oddi ar ei draed: yn ei ddadlychwino ei hun. Lle na chaent groeso ar eu cenhadaeth, mewn tŷ neu ddinas, 'roedd disgyblion Iesu Grist, wrth adael y lleoedd hynny, i ysgwyd y llwch oddi wrth eu traed.'

Mathew 10:14
A phwy bynnag ni'ch derbynio chwi, ac ni wrandawo eich geiriau, pan ymadawoch o'r tŷ hwnnw, neu o'r ddinas honno, ysgydwch y llwch oddi wrth eich traed.

◆ Ysgwydd dan yr arch

Defnydd cyfoes: Rhoi neu ofyn am gefnogaeth neu am gymorth.

Cyd-destun beiblaidd: Cludo Arch y Cyfamod. Cist wedi ei goreuro ac yn cael ei chludo ar bolion oedd yr Arch. Fe gynhwysai, ymhlith pethau eraill, lechi'r Deg Gorchymyn a roddwyd i Moses ar fynydd Sinai. Câi ei chludo gan yr

Israeliaid wrth iddynt deithio i Wlad yr Addewid, a'i chadw yn y tabernacl ac wedyn yn y deml yn Jerwsalem. Roedd yr Arch yn cynrychioli presenoldeb Duw gyda'i bobl.

1 Cronicl 15:15
A meibion y Lefiaid a ddygasant arch Duw ar eu hysgwyddau, wrth drosolion, megis y gorchmynnodd Moses, yn ôl gair yr Arglwydd.